ルポ ひきこもり未満
レールから外れた人たち

池上正樹
Ikegami Masaki

a pilot of wisdom

JN259024

目次

序章

「ひきこもり」だけではない社会的孤立

いったん、レールから外れると、元の社会に戻れない。何か不可思議な力に巻き込まれるかのように埋没し、社会が遠のいていく。

家の庭が、雑草や伸び放題の木で密林状態になっている。家屋に人の気配はあるのに、姿を見たことがない。そんな光景が、日常に広がっている。

そうした家庭を訪ねると、社会の誰ともつながっていない孤立者がいたり、家族ごと近隣から存在を隠していたりすることも少なくない。

仕事がない、あるいは行く場所がないために、外に出る理由がなくなり、そのまま閉ざされた関係の中で声を潜め、ひきこもらざるを得ない状況になる人たちが増えている。

昨今の雇用現場は、アルバイトでさえ、長時間労働や残業のほか、ほとんど教育も受けられないまま社員と同じ仕事を求められて摩耗し、時給は上がらず、格差ばかり広がる。それが、この国の現実だと、多くの当事者たちが訴える。

さまざまに傷ついた体験や背景から、不安や緊張感が強い人は、アルバイトでも不採用続き。

「障害者手帳を持っている人を雇えば、企業に助成金が出るけど、(手帳を持たない)中途半端な人を雇っても助成金が出ないので、雇うメリットがない」

そんな心ない言葉を言われてきたという三〇代女性は、自分自身の価値を否定されたような気がして、どんどん自信をなくし、社会に出ることが怖いと思うようになったと明かしてくれた。

収入のない子と親の高齢化が進み、親が亡くなって初めてわかる「8050世帯の問題」も顕在化してきた。つまり、「8050問題」とは、親が八〇代、子どもが五〇代になって、世帯の生活が行き詰まる〝親子共倒れ〟への懸念だ。

子どもにSOSを出す力がなく、地域で孤立している親が認知症になってしまった家庭では、家の中で親は自分のシモの世話もできなくなっていたことが、社会福祉協議会のCSW（コミュニティソーシャルワーカー）によって〝発見〟されたりする。

筆者は長年、「ひきこもり」というカテゴリーだけでは括《くく》れない、社会的孤立に手が届きにくい現状を目の当たりにしてきた。

「ひきこもり」という言葉は、もはや記号のようなものであり、「ひきこもり」状態の有無にかかわらず、本人が生きていきたいという意思や意義を見出《みいだ》せる環境が整っていることこそ大事なのだと実感する。

「レール」からの転落

何かのきっかけでコミュニティとのつながりをいったん手放すと、〝社会のレール〟といわれている関係性が、すべて切れてしまう。

自分の意図を超えて社会とのつながりが途絶えても、若年者と高齢者に対しては手厚い支援策が施されてきた。しかし、中高年層は「働くことが前提の世代」として制度設計されてきたため、支援が必要というイメージがなく、セーフティーネットの谷間に置かれている。そのため、支援の対象から年齢や状態などで線引きされ、せっかくたどり着いた相談窓口で「排除」されてきたことが、本人や家族を潜在化させ、「ひきこもり」状態などの長期高齢化の要因にもなっていた。

二〇一七年五月に公表された佐賀県の調査では、四〇代以上が全体のひきこもり層の七割を超えた。同年六〜一一月の京都府の調査では、「ひきこもり」状態にある人の四割以上が、行政や医療機関、ＮＰＯなどの支援の状況は「不明」と回答するなど、全国的に見ても、ひきこもり層の半数近くは、家族以外、社会の誰ともつながっていないのが、筆者の元に日々寄せられてくるメールを通じての実感だ。

いったん、「レール」から転落することで、生きる意欲を醸成する上で欠かせない社会とのつながりを〝遮断〟されていく風景は、確実に広がっている。

過疎地の秋田県藤里町《ふじさとまち》では一一人にひとり、離島の石垣島も一五人にひとりが「ひきこもり」と回答。都市部の東京都町田市の実態調査でも、自分自身または家族に「ひきこもる人がいる」と回答した者が全体の五・五％と、二〇人にひとり以上を占め、「知人にひきこもる人がいる」も含めると、全体の三割を占め、まさに他人事ではなくなっている。

そんな社会的孤立に陥った人たちの目線を通して炙《あぶ》り出された、この国のさまざまな課題は、自分の身にも将来起こり得るかもしれない。そんな社会的孤立者たちのそれぞれの思いや背景とは、どんなものなのか。

前述したように、筆者の元には、自分の窮状を訴えるメールが、毎日寄せられてくる。例えば、ある地方に住む五〇代男性からの、こんな内容だ。

父親は16年前、母親は昨年、兄は今年自殺して天涯孤独となりました。未婚で親族はいません。仕事はパートで月数万円です。この先行き詰まるのは明白です、この際思い切って人生に終止符を打ったほうがいいかと考え、ろくに眠れません。相談相手もいません。生きることに疲れました。

（引用文には適宜、句読点を補った。他は原文ママ。以下同）

ほんの少し前までは、専門家といわれる人たちの間でさえ、「ひきこもり支援」におけるゴールは「就労」とか「結婚」などといった説明が、公然と語られてきた。しかし、いきなり就労現場に放り込まれただけで、あるいは夫やパートナーができたからといって、自分がひきこもらざるを得なくなった本質的な課題が解決できたわけではない。

そもそもゴールとは何なのか？　なぜゴールが必要なのかという議論も十分にされてこなかった。

周囲を気遣って無理して就労しても、雇用の現場が安心できず、自分が壊されると感じれば、自己防衛のために再びひきこもらざるを得なくなる。また、結婚していても、子どもがいても、父親でも母親でも「誰ともつながりがない」「つらい」などとひきこもる人たちがいる。

多くの親は、そうしたひきこもる家族が同居していることを知られると恥ずかしいからと、その存在を地域で隠し、相談することもできない。また、ひきこもる当事者も、自分の存在を恥ずかしがる家族の気持ちを知って、ますます身動きが取れなくなる。

こんな理不尽な目に遭っているのは自分ひとりだけだと思い、絶望と諦めの中で生きる意志が薄れていき、情報もなければ、家族に万一のことがあったとき、残された当事者は、生きていけなくなる。

社会との関係性が途絶え、誰にも相談することができず、諦めの境地に至った人たちからの悲鳴のようなメールが、最近ますます増える傾向にある。

ある男性の自死

街中が華やいでいたある年のゴールデンウィーク前の夜、東京郊外の鉄道沿線にある古い住宅街のアパートの一室で、ひとり暮らしの四〇代男性がひっそりと亡くなった。

本人から家族への自殺予告の手紙で駆けつけた警察官が部屋に入ったときには、すでに男性は首を吊《つ》った姿で冷たくなっていて、部屋には遺書が残されていた。

その日の深夜、筆者の元にも警察から動機や最後のやりとりの様子を尋ねる電話がかかってきた。遺書には、自分を見つけたら、実家の両親と筆者に連絡してほしいと記載されていたからだ。

家族を除けば、筆者以外には人や社会とのつながりが一切なく、まさに孤独死だった。厳密に言えば、家族ともコミュニケーションがなかった。

男性の名前は柴田明弘さん（仮名）。メーカーに派遣されて営業の仕事をしていた柴田さんは、同居していた両親との折り合いが悪く、派遣契約が更新されずに会社を辞め、現在の孤立無業状態に陥ったことをきっかけに親元を離れた。

その後、自立のために頑張って就労したものの、仕事は派遣だったため、当時のリーマンショックの影響で雇い止めに遭った。以来、それまでの貯金を元手に、格安な公団の事故物件を転々とする。しかし、仕事に就いてまで生き続けようという意欲が持てなくなり、次第に貯金を食いつぶしていった。

それでも柴田さんは、とても感度がよくてクレバーな人だった。柴田さんは話をしているだけで、自分と同じように孤立した人たちが社会や仲間とつながるために、自身の経験や感性を活《い》かしたアイディアがポンポン飛び出してくるのだ。しかし、生活保護や障害年金などの公的なセーフティーネットのお世話になってまで、生き続けようとする意欲や意義を見出せなくなっていた。

柴田さんからのメール

柴田さんから、最初にメールが届いたのは、まだ肌寒かった三月初めのことだ。「41歳男性、引きこもり当事者です」というタイトルのメールには、筆者が連載しているダイヤモンド・オンラインのコラムへの感想が、こう書き綴《つづ》られていた。

はじめまして。41歳男性、引きこもり当事者です。中学時代に発症したある神経症で通学が困難となり、高校を1年で退学。その後6年間引きこもりました。21歳の時から十数年間、アルバイトや派遣で収入を得ました。4年前に派遣契約が終了して以来、いわゆる「孤立無業」状態にあります。

そんな書き出しで始まる文面では、筆者が記事で紹介した本人の事例に重ねあわせるように、柴田さん自身が〝ひきこもり長期化〟へと至ることになった家庭環境や社会背景を淡々と振り返っていた。

記事を拝読いたしました。振り返れば、私自身も「家族からの放置」による引きこもりの長期化。その後の悪循環で、もはや手の施しようがない状態となりました。

（中略）

私の両親は、一言で言えば幼稚な人達でした。社会というものに対し、高をくったようないい加減さがありました。教育にも熱心ではなく、私にとってはあてにならない身近な大人でした。

父親は、決して社会的地位の高い人間ではありませんでした。性格は陰湿なのですが、極度のええ格好しいでもあった為、理想と現実が噛《か》み合わず、常にイライラしていました。酒癖も悪く、何時間も母親に絡むさまに辟易したものです。

母親は、当時専業主婦でした。家事などのルーティンワークを好む、きわめて受動的なタイプです。また、自分が不得手とする物事は、極端に回避したがる傾向があります。

私が引きこもった頃はバブル期だった為、それなりに羽振りは良かったようです。経済的なサポートは、十分受けています。引きこもった最初の1年くらいは、ある病院の相談機関に通っています。しかし「この先どうしたら……」という悩みに、誰も導いてはくれませんでした。

自力で動こうとしては空回りの繰り返し。次第に放置状態となり、6年もの時間を棒に振りました。

その後、バブルの崩壊で家庭の経済状況が悪化。極度の焦りを感じ、無計画なアルバイト生活を始めました。

20代前半頃、アルバイトにも随分慣れ、運転免許も取得しました。正社員を目指してみようかと前向きだったそんな頃、父親が金銭問題を起こして借金を抱えました。その後、親族とのトラブル、失業、アルコール依存と転がり落ちていきました。

以来、私にとって「家族」なるものは、爆弾のついた手枷足枷《てかせあしかせ》でしかありません。

柴田さんのメールには、七〇代の父親と共依存と思われる母親は、実家で生活しているものの、自身の置かれた状況から目をそらし続けているらしいことが記されていた。

今から振り返れば、最近、注目されるようになった、収入のない五〇代（四〇代）の子と八〇代（七〇代）の親の孤立家族が生きていくことに行き詰まる「８０５０問題」や「７０４０問題」の先駆けともいえる。

私には一般的な就職活動の経験がありません。無計画な就労を続けてきました。アルバイトは、立ち話程度の面接で採用されるような所ばかりでした。ＩＴバブルの頃の派遣会社は、登録さえしておけば、パソコン音痴の私にも良い仕事を斡旋してくれました。もし履歴書の経歴＝学歴＋正社員歴とするならば、現在の私の経歴には、25年近いブランクがあるという事なのでしょう。

「自分の住んでいる部屋も、事故住宅となるのでしょう」
数年前、あることがきっかけで、柴田さんは実家を出て独立した。親元を離れてからは、ＵＲ（旧公団）賃貸の「事故住宅」（特別募集住宅）ばかりを選んで、これまでに四軒も渡り歩いてきたという。

「事故住宅というのは、前の住人が部屋の中で亡くなった物件です。そこは、一定期間、家賃が半額になるんです」

筆者は当時、初めて聞く話で驚いたが、柴田さんによれば、以前なら二～三年くらい「事故物件」扱いとして住むことができた。ところが、「事故物件」扱いの期間が短縮されることになり、今は「一年」（筆者注：物件により二年半額になる場合もあり）で引っ越さなければならないという。

「そもそも入居審査が通らないから、保証人が要らず、無職でも入れる公団しか選択肢がなかったんです」

すでに柴田さんは、最初のメールの段階で、こう意味深な内容を綴ってきていた。

以来、公団（筆者注：UR）の事故住宅（期間限定で家賃が半減される）を渡り歩いています。近い将来、自分の住んでいる部屋も、事故住宅となるのでしょう。

まさに、その一年あまり後の自殺を暗示する内容だった。

実は、長年、姿の見えない当事者たちとメールなどでやりとりしてきた筆者の元には、似たような死を予告するメールがよく届く。しかし、予告通りになることは滅多になく、文面からだけでは、その真偽を見極めるのは難しい。

ただ、柴田さんのメールに関しては、その具体的な記述内容が、少し気になった。

筆者のほうで力になれるかどうかはわからないが、これまでの体験や思いを役に立てられるよう何かサポートができるかもしれない。もし可能であれば、お会いしてもう少し詳しく教えていただけないか？　という趣旨の返信を柴田さんに送った。

周囲の視線が気にならない場所

ほどなくして、柴田さんから返信が届いた。

池上様

ご多忙中にもかかわらず、ご返信をいただきまして、誠にありがとうございました。お申し出をいただいた件ですが、実際にお会いして話をすることに支障はございません。

可能な範囲で、取材に協力できればと考えております。
私は現在、●●●に住んでいます。（都心のターミナル駅から電車で1時間位の距離です）対人不安や外出恐怖は特にありませんので、指定された場所へ出向くことは可能です。

筆者は三月末にかけ、こうして柴田さんと連絡を取り合った。直接お会いすることになったのは、ちょうど桜の花が満開を迎えた頃だった。

日付につきましては、4月2日で結構です。時間ですが、昼夜逆転生活をしている為、午後を希望します。
場所について、一点お願いがあります。私は、「会話の内容を第三者に聞かれる」ことを極度に警戒する傾向があります。過去には、混雑した喫茶店やファミレスなどで周囲が気になり、友人との他愛ない会話すら、ままならない等ということもありました。特に今回は内容が内容ですので、状況によっては口が重くなるかもしれません。恐縮ですが、ご考慮いただければと思います。
エリアについての希望はありません。現住所の最寄駅は、●●線の●●になります。故あって昨年末に転居してきましたが、そもそも縁もゆかりもない土地です。●●にも土地勘はありませんので、都内の場所をご指定ください。

筆者は、メールを出してくださった柴田さんに、返信でお礼を述べた後、お互いの住んでいる中間くらいに位置していた、静かそうな急行停車駅を待ち合わせ候補の場所として提案。駅近くのカラオケボックスであれば、周囲の視線などが気にならなくていいかもしれない。平日の午後の時間帯なら、料金も安そうだなどと記した。
カラオケボックスは、当事者などの取材相手と面会する際、人目を気にせずに安心して話ができるため、よく利用している場所だ。

池上様
場所の件、承知いたしました。ご検討いただき、ありがとうございます。確かにカラオケボックスというのは、うってつけの場所かもしれませんね。時間は何時でも構いません。待ち合わせ場所とあわせてご指定ください。携帯電話のメール契約をしておりませんので、当日に緊急な連絡が必要となった際は090―●●●●―●●●●へお電話ください。以上、よろしくお願い申し上げます。

このように、筆者は当初、駅前のカラオケボックスで待ち合わせしようと店を探してみた。ところが、その急行停車駅ではふさわしい店が見つからず、結局、マイカーを使い、途中の駅まで迎えに行って、車内で話を聞くことになった。

「どこに行っても当てはまらない」

筆者が柴田さんと待ち合わせした日は、満開の桜の花も身を縮めるような冷たい雨がしとしと降っていた。

車で駅に着くと、柴田さんは約束したとおり、駅前のスーパーの前で壁にもたれかかるようにしてポツンと佇《たたず》んでいた。

知的で優しそうな好青年という雰囲気が漂い、傍目《はため》からは、この青年がひきこもっているようには見えないだろう。

しかし、そんな柴田さんも、すでに社会から「弾《はじ》かれた」側にいるひとりだった。

雨に濡れないよう、庇《ひさし》が道路いっぱいに出ている歩道の前で車を停《と》め、「柴田さんですか？」と声をかけた。柴田さんは無言のまま、車の助手席に乗り込んだ。

走り始めた車の中で、しばらくふたりの間に沈黙が流れた。ＢＧＭもない静かな車内に、フロントガラスのワイパーの音だけがクイックイッと響き渡る。

柴田さんは、お金がないので、医療機関も相手にしてくれず、誰にも相談できない現状を明かした。当時は、基礎自治体に第一次相談窓口の設置が義務付けられた生活困窮者自立支援法はまだ施行されておらず、自治体の「ひきこもり相談」の対象も三〇代までという年齢制限があった。四〇代だった柴田さんは、すっかり制度の蚊帳《かや》の外に置かれていて、一切関わることのなくなった社会を冷めた目で見ていた。

柴田さんは、家族以外の第三者と接して雑談したのは、ほぼ四年ぶりだった。

ひとり暮らしのため、「事故物件」の期限が来て転居するたび、引っ越しなどの業者や店員と接することはある。しかし、誰かと雑談することはない。人前に立つと、言葉が出てこないという。

誰かが訪ねてきても、ドアを開けることはない。

「元々、こうなったきっかけも、中学生の頃まで遡るんです」

走る車の中で、雨が叩《たた》きつける窓をぼんやり見ていた柴田さんが、そう切り出した。

バブルの崩壊によって家庭の経済状況が悪化した頃から、「親があてにならない」という不安や焦りが大きくなっていった。

「学校でも孤立し、誰にも悩みを打ち明けられないまま、自力で中学を何とか卒業して高校に進学してしまったので、義務教育ではなくなった。当時、料金の高い民間業者以外、公的なサポートは何もありませんでした」

柴田さんは、その頃からアルバイト生活を始めた。しかし、そこから就職を考えようとしても、相談する機関がなかったという。何の計画性もないまま、二〇代に入ってからも十数年間にわたり、アルバイトや派遣で収入を得る状況だった。

「ずっと金銭で縛られてきたので、いつ切られるかもわからない中、蓄えをつくっておかなければいけない。その蓄えも親に持っていかれるかもしれないという不安があり、三〇代から四〇代に入るにつれ、どんどんどうすることもできなくなっていったんです」

お金がないと、支援機関も相手にしてくれず、相談もできない。そう明かす柴田さんは、昔、ある有名な「ひきこもり支援団体」に自分の貯金を使って通ったことがある。ところが、二回通った時点で、団体のスタッフから「次の面談日をこちらから連絡します」と言われたきり、連絡は途絶えた。

「自立支援であれば、医療費の自己負担が三割ではなく一割で済む。そう思って病院へ行っても、自分は性格上、うつ病にはならない。〝うつ病でも障害でもないから、あなたは自立支援を受けられない〟と言われ、歪《ゆが》んでしまった人間なのです」

自らの存在をそう表現していた柴田さんは、無料で相談に乗ってくれると聞いて、自治体が開設している近くの「地域若者サポートステーション」に出かけたこともあった。しかし、「履歴書の書き方」を教えてもらうなど自分には必要のないメニューばかりで、自然に足が遠のいた。

「どこに行っても当てはまらず、常に社会から弾かれてきたんです」

都合のよい線引き、ニーズに応えられない支援

少しずつ遠のいていく虚《うつ》ろな社会を、冷めた目で見ている柴田さんは、それでも、回し車の中を走るハムスターのように、何とか一生懸命に仕事を見つけ、頑張って働いてきた。現在の生活状況に陥る直前まで、派遣の仕事を六年ほど続けてきた。しかし、リーマンショック後、派遣契約の更新が終了した。

「自分の携わった業務自体が、いずれなくなるものだったのです」

文面で記されていたように、柴田さんが派遣の仕事を始めたのは、二一歳のときだった。その間、正社員に就いたことは一度もない。

元々柴田さんは、一六歳の頃から、ひきこもっていた。気がついたら、二〇歳になっていて、計画性がまるでないまま、社会に復帰してしまったという。

「親が当てにならない人たちなので、自分でやるしかなかったんです」

そう振り返る柴田さんは、いつも金銭に縛られてきた。いつ切られるかもわからない不安定な雇用環境の中で、現状を長く続けていくためには、鵜飼《うか》いの鵜のように、目の前の

与えられた社会の中で稼ぐしかなかった。

「それが苦労話として誇れるのかというと、違うんですよね。結局、正社員ではないと、〝正社員の肩書きを得ることくらいはできただろう〟〝それは甘えだろう〟などと言われてしまうんです。社員へのハードルは高くなかったと思いますが、私はそこにも行けなかった」

柴田さんは、派遣で切られた時点で、すべての人間関係を遮断した。以来、筆者と会うまでの間、当初の失業給付のやりとりと家族以外、誰とも話をしていない。

この間、家賃などの生活費は、それまでの派遣時代の貯金を切り崩してきた。しかし、いよいよ蓄えが底をつき、「半年後には干上がる」見通しになったことから、柴田さんはこれまでのことを筆者にメールで伝えようと思ったのだという。

そして、柴田さんは、筆者に初めて会ったとき、こう明かした。

「生活保護を受けてまで、他人の税金でお世話になってまで生き続けようとは思えない。自殺を望んでいるんです。でも性格的に、ポンと行けないので、ズルズルとお金を使いきって〝どうしよう〟というところで、できると思う。今は、カウントダウン状態ですね」

派遣の更新を切られ、貯金を少しずつ切り崩して生活している間に、柴田さんの年齢は四〇をとうに超えていた。

「どうして線を引いちゃうんだろうっていう諦めもあるんですよね。対象外、排除……、結局、支援側の都合で決めた対象に当てはまる人だけが、制度を利用できて、旨《うま》みを吸える。実際、三九歳と四〇歳の間で、人として何がどう違ってくるというのでしょうか？」

柴田さんは、そう問いかける。

これまでの公的支援が上手《うま》くいかなかった理由は、このように支援対象者を年齢や状態などで線引きしてきたことにある。勇気を出して、藁《わら》にもすがるような思いでたどり着いた最初の相談窓口の担当者から「あなたは支援の対象ではない」「あなたはここではない」などと冷たく突き放され、あるいは一方的な関係性の支援によって、社会に出ることを諦めてしまう――そんな経験をしてきた当事者たちは少なくない。

こうした支援のあり方は、話題になっている「８０５０問題」のひきこもり長期高齢化や、地域で家族ごと潜在化していく大きな要因にもなっていて、当事者たちから「排除の暴力」と批判されてきた。

柴田さんとやりとりしていた当時、ひきこもり支援の国の施策は、内閣府の「子ども・若者育成支援推進法」が法的根拠とされてきた。そのため、現場の自治体でも、「ひきこもり支援」のゴールは「就労」とされ、「三九歳以下の若者就労支援」に重きが置かれた。その支援の対象から弾かれた本人や家族は、せっかく相談にたどり着いても、せいぜい精神医療へと誘導されるのが実態だった。

ところが、その後、国のひきこもり施策は、生活困窮者自立支援法が二〇一五年四月に施行されたのをきっかけに、担当部署が厚労省の社会・援護局に替わる。国の方針は、旧労働省の三九歳以下の就労を前提にした支援から、地域で向き合うべき福祉施策へと、大きく転換したのだ。

しかし、現場の自治体の対応は、二〇一八年に入っても、まだ大半が当事者や家族の求めるニーズに寄り添えていない。

話を戻すと、柴田さんは当時、いちばん嫌いな言葉が「自己責任」だと話していた。制度から取り残され、谷間に落っこちてしまった人は、「個人」や「家族」の問題だからと追いつめられ、やっとの思いで這《は》い上がってきても、「なかったこと」のように埋め戻されていく。そんな隙間にはまってしまった人の話を聞きたいと、柴田さんは言う。

「私が池上さんにコンタクトを取ったのは、ヘビーなテーマからライトなものまで含めて、手広くやってらっしゃる安心感があったんです。明るくなるようなネタだけ扱っているんだったら、コンタクトを取ることはなかったでしょう。私は受け付けないです」

メディアでは、ひきこもり経験者が社会に出るまでの「体験記」や「一〇の方法」といったサクセスストーリー的な実用モノが持てはやされる。

筆者も、成功するためのマニュアル的な事例を最後によく求められる。でも、現実には、抱えている課題は人の数だけ違うわけで、みんなが映画やドラマのようにハッピーエンドになれるわけではない。紹介された成功ノウハウに当てはまらず、取り残される人たちにとっては絶望の事例になり得ることを、多くの発信できない水面下の当事者たちは、筆者に指摘してくれるのだ。

津波より避難所の人間関係が怖い

その頃、柴田さんが所持していた携帯には唯一、母親から、たまに留守電が入っていた。

ただ、留守電は内容があるわけではなく、「元気？」とかいう他愛のないものだった。そのたびに柴田さんは「元気なわけ、ないでしょう」というような腹立たしさを感じ、返事をしなかった。

父親はアルコール依存症だった。だから、柴田さんは、父親とはまったく口を利いていない。そして、そんな父親と決別するために、実家を出た。

ただ、柴田さんは、勝手に実家を出たことに、罪悪感を抱いていて、母親には、しばらく仕送りをしていた。

「ひきこもりにしては、親のために五〇〇万円くらいは使ったと思います」

当時、「事故住宅」の家賃は、半額で月額七万円だった。そんなＵＲ賃貸住宅があったおかげで、柴田さんは実家からひとり立ちして、ここまで生きることができた。

柴田さんは部屋を借りる際、「何があったんですか？」と尋ねることにしている。すると、この部屋の訳ありの事情について、何歳ぐらいの人が、「病死」とか「自殺」とかしたくらいの情報は教えてくれるという。

「霊とかヘンなもの、見たりしないいんですか？」

思わず筆者が聞くと、「全然ないですよ」と、柴田さんは笑って答えた。小心者の筆者よりも、はるかに柴田さんのほうが科学的、合理的な思考の持ち主だ。

「私は、オカルトよりも、社会のほうがおっかないと思ってるので……」

そんな柴田さんの話を聞いていて、東日本大震災のとき、大津波警報が出て「逃げて！」と母親から何度も促されたのに、二階の自室から出てこなかった四〇代の青年のことを思い出した。

その青年は、都会の職場の人間関係が原因で仕事を辞め、東北の実家に戻ってきて一五年ほどひきこもっていた。青年は家ごと津波に呑み込まれたものの、奇跡的に流された先で救助された。

青年は、家から出なかった理由を母親に尋ねられ、こう説明した。

「押し寄せてくる津波よりも、避難所の人間関係のほうが怖かったんです」

その話を聞いた柴田さんは、言った。

「そういう死生観みたいなものがズレてるんで、自分が死ぬことも、怖くはないんです」

柴田さんは、そうした事例を筆者から聞きたがっていた。

死んだ自分が部屋を汚して、自分に賠償請求が来たときに、法的にはどうなるのか。相続放棄をすれば、家族に迷惑はかからないのか。

「誰にも相談できないじゃないですか？　私、死ぬんですけど、ってなりますから……。答えてくれないでしょう？」

現実に悩みを打ち明けられる相手がいない。自分自身も含め、こうした声なき声を社会はどれだけ拾えているのだろうか。

一方で、社会には、そんな柴田さんの経験や価値観を必要としている人たちがたくさんいる。そのための仕組みづくりのお手伝いをしてもらえないかと、筆者は提案した。

しかし、振り返ってみれば、柴田さんはすでに死を決意していたからこそ、筆者にコンタクトを取ってきて面会に応じたのだろう。今から思えば、最初のメール文には、その覚悟が簡潔にまとめられていた。

柴田さんの失笑

筆者に会った柴田さんは、自分の死を前提にして、残される者への心配を懸命にしていた。柴田さんを止めることなど、もはや誰にもできなかったことだろう。

「四〇歳以上は間引きしなければ、三〇年後、社会的に切迫するんじゃないですか?」

柴田さんは、人数の多い団塊ジュニア世代だった。

「タイミングが悪いんですよ。いちばん面倒くさいときに生まれて、いちばん面倒くさいときに放置される。社会の仕組みとか常識とか、信じられないんです」

「事故住宅」は、ホームページなどで公募され、掲示もされる。家賃は一定期間、半額になり、「無職」と書いても大丈夫という。ただし、「一年前納」か「家賃の一〇〇倍の貯蓄証明を提出する」必要がある。

家賃が月額八万円だったとすれば、半額の四万円になり、一年間で四八万円。「ずっとひきこもっていたような人だったら、それくらいのお金は持ってるんです。親が出してくれちゃうこともありますし」と、柴田さんは笑う。

複雑なしがらみを断ち切ったほうがいいのであれば、リセットして新たな人生をやり直すこともできるのではないか、と筆者は話した。

でも、柴田さんは言う。

「自分は、それを悲しいことだと、思っていないんです」

どうして今、こんなにたくさんの人たちが、社会で孤立しているのか。地域に潜在化して、声も出せず、姿の見えない人たちも多い。柴田さんの経験や価値観は、こんな世の中で、みなの知りたい価値のあるものなのではないか。

「私が金銭的余裕がある段階だったら、ありがたいアイディアだなと思えるんですけど。金のない人間には、ボランティアはできない。実際、私の経験ていうのは、計画性を持たずに、ダラダラとやってきたフリーターに過ぎないんですよね」

高校や大学を卒業して、それなりの会社に就職する。そんなレールが人生にあるのだとしたら、柴田さんが懸命に説明しようとしてくれる経歴は、あまりにわかりにくくて、ややこしい。

「それなら、いっそのこと、絡み合った問題の糸を、全部燃やしてやったほうが早いのではないか」

柴田さんはそう言って、失笑する。

「私は、どちらかというと、ひきこもりたいんです。嫌いなんです、社会が。だけど、それが許されないで、ずっと……」

そして、この一年あまり後に、柴田さんが予言通りに自殺を実行するとは、そのときはまだ、リアルには考えられなかった。

第一章　誰か見つけて

友人ができない

「遮断」は、柴田さんだけの特別な話ではない。身近な日常生活の至る所で起きている。今は他人事の世界であっても、ふとしたきっかけで誰にでも起こり得るし、自分も将来、そうなるかもしれない。

僕は友達が一人もいません。それは高校からです。

二〇一六年に入って、そんなメールを筆者にくれたのは、中部地方の都市部に住む二九歳（当時）の嶺井俊一さん（仮名）だ。

高校、大学とずっとひとりぼっちでした。孤独に耐え尽きて大学を中退して、ほぼひきこもり状態が始まりました。これまで短期、単発のバイト、仕事なら幾つかしてきました。（大学時代も含め）それは現場が嫌だった場合、仕事の終わりが見えているからなんとか我慢できるという理由からでした。短期の仕事で、もしかしたら友達が出来ればという淡い期待もありました。そもそも普通のサラリーマンにはなりたくなかったのもありますが、今はもうバイトすらしたくなく、親の仕事の手伝いでポスティングの仕事を月一しているだけです。孤立を拗《こじ》らせ過ぎて、社会に出ることのハードルが物凄《ものすご》く上がってしまいました。僕には居場所がどこにもありません。

なかなか友人ができず、社会に出るためのハードルが上がってしまったという嶺井さんも、今では社会と「遮断」してしまったひとりだ。

その年の三月一六日、嶺井さんに会いにいった。

人通りの多いターミナルの改札口で出迎えてくれた嶺井さんは、細身の真面目そうな若者だった。元会社員の父親、専業主婦の母親と一緒に実家に住んでいて、家庭の経済環境も恵まれているようだ。

嶺井さんは、ネットで筆者の記事を見つけた。「大人のひきこもり」というキーワードが引っかかって、コンタクトしてきてくれたという。

誰もノウハウを教えてくれない

嶺井さんはこれまで、派遣や短期のアルバイトをしてきた。

彼は、正社員に雇われたこともある。「いい加減、働かなければ」とずっと思っていて、ハローワークのパソコン検索で見つけ、応募した会社だ。しかし、出社して一日で行けなくなった。

嶺井さんが就いた業務の内容は、販売の仕事だった。入社した翌日から、何日間か泊まりがけで、催事場などの現場に行くように言われた。

嶺井さんは、初日から販売の現場に立たされた。ただ、生きていくために働くだけのような感じがして、楽しいと思えなかった。

「結局、つながりを求めていたところがあって、上手くなじめそうもないなって思っちゃったのかなって……」

仕事自体は、高度な内容ではない。声をかけて「どうですか？」などと聞いていく業務だった。嶺井さんは、これまでの職場でも、仕事に就く前に研修的なものを受けた経験はない。雇用されると、いつも即戦力として、いきなり現場に放り込まれてきた。

「いちばん初めに経験したアルバイトも、そうでした。駅でうどん屋のバイトをしたのですが、僕がずっとうどんを打っていたんですけど、ホールで注文を取ってきてって、いきなり言われたんです。まったくやったこともないのに……」

伝票の書き方さえもわからないのに、いきなり現場に立たされる。嶺井さんができずにオロオロしていると、「何やってんだよ！」と、職場で面倒くさそうな対応をされる。自分から先輩や同僚にやり方を聞かなければ、誰もノウハウを教えてくれない。

しかし、顧客がお金を支払う以上、現場では常に、プロフェッショナルな仕事を求められるのが現実だ。

仲間ができたら……

仕事に楽しさを求めることが、あまり良しとされていない空気がある。楽しくなくて、生きていくために働いている人がごまんといる中で、そういうことを口にすることも、はばかられる。

嶺井さんに対しては、「やりたいことだけをやればいい」とか、「楽しくないんなら、辞めればいい」などと、適当なことを言ってくる上司もいた。

雇用者側と使われる側の間には、一生埋まりそうもない深い溝が横たわる。

「僕だって、楽しいことだけやりたいし、やりたいことだけやれたら、どんなに幸せだろうと思う。でも、やりたくない仕事は絶対にくっついてくる。そんなに簡単に割り切れる話ではない」

嶺井さんは、職場にいるとき、いろんな人に話を聞いた。働いている同僚は、自分と同じように正規の人たちが多かった。

嶺井さんの事例を見ていてもそうだが、「転落」と一口に括ってもいいのかどうかはわからない。ただ、正規の社員とそれ以外の人たちとの間には、「得られるもの」と「得られないもの」の格差が大きすぎる。では、「得られないもの」って、いったい何なのだろう。

そういう目線で見ていくと、経済的な問題はもちろん大きいものの、もっと重要なのは、仕事している職場環境の「楽しさ」とか「居心地のよさ」であり、その目線が欠けているのではないか。嶺井さんも、こう実感するという。

「楽しくないから仕事辞めましたって言うと、そこだけ見て、周りには〝何言ってんだ〟〝いい加減にしろ〟って説教する人が多いんです」

嶺井さんの重視する「楽しさ」とは、友人がいるかどうかにかかっている。確かに、職場にひとり、友人ができただけでも、仕事への向き合い方や意欲は変わってくる。

「仕事に行くのに、友人をつくりに行くわけではない。でも、僕は学生時代、どうしても友人ができなかったので、大学のときもアルバイト先を転々としてしまいました。お金だけでなく、仲間ができたら……という思いが、どこかにずっとあったんです」

こうして筆者にコンタクトを取ってきた今も、友人はいないという。

「もう社会とは、切れた」

そう嶺井さんが言うように、使ってきたスマホの契約更新も、二〇一五年の一〇月で終了していた。携帯電話を通じた外部との人間関係も〝遮断〟された状態だった。

「ネットだけ、Ｗｉ－Ｆｉ（無線ＬＡＮ）だけあればいいかなって、別に契約しています。番号はもう要らない。ラインがあればいい」

ただ、もし病院に電話で予約するとしたら、不便かなと思うことはある。

病院には昔、胃の調子が悪くなって、行ったことがある。胃カメラも飲んだ。ただ、何も異常は見つからず、医師から「精神的な問題かもしれない」と言われた。

自分では、「ほぼひきこもり」と自覚している。「ほぼ」と付けているのは、自分の部屋や家から出られないわけではないから、出たくても出られない状況の人たちからすれば、深刻ではないと思えるからだ。

ただ、「働く」となると、固定された人間関係に入っていくことになるため、だいぶハードルが高いと思っている。

車の中で弁当を食べた大学時代

嶺井さんは、二〇一五年の四月までアルバイトをしていた。「だいぶ無理をしていた」と自らを振り返る。

「僕個人は、イライラのほうが大きかった。その原因は〝孤立〟です」

嶺井さんは、高校を卒業する前、不登校になり、ギリギリの出席日数で卒業できた。いくつか大学を受験したものの、全滅だった。一方で、漠然と浪人生活に憧れていた。「心の休息」が欲しかった。

ところが、浪人時代は、予備校の個人ブースでビデオを見るだけの日々だった。しかも、一科目から好きなときに行けるスタイルだったこともあり、人間関係はまったくなく、ここでも友人をつくることができなかった。

一年後、合格して、大学に入学した。専攻は心理学科だったのだが、実は、それがまた地獄の始まりだった。

嶺井さんは元々、心理学には関心があった。講義でも、勉強はそれなりには頑張った。

しかし、大学に来ても、孤立する予感がした。そして、やはり友人はひとりもできなかった。

「サークルに入れば、友人はできるかもしれない」

嶺井さんはそう思ったが、サークルに入るのも怖かった。

「例えば、飲み会でアルコールを強要されるとかあるじゃないですか。ああいうのも嫌だったし、一年生で入ると、いちばん下っ端なわけで。いろいろ無茶されるのかなとか、そういう恐怖が勝ってしまい、結局、どこにも入れなかったんです」

上下関係というものが、どうにも苦手だった。最近でこそ、スイーツとソフトドリンクで乾杯する若者たちの姿を見かけるようになったし、店でもノンアルコールのメニューが充実してきたように思う。しかし、嶺井さんが入った大学では、まだアルコールの〝一気飲み文化〟が蔓延《まんえん》していた。

「僕は昔から、何もなかったですし、何かがあると、避けてきたのかなと思います」

自分には何もなかったという嶺井さんは、大学時代も、講義を受けるために学校と自宅を往復するだけの毎日だった。昼は、集団の中でぽつんと食事する「ぼっち飯」をしたくなかった。だから、弁当を持っていって車の中で食べた。午後から講義に出て、終わったら、どこにも寄り道せずに、まっすぐ帰ってくる。

特に、休憩時間がつらかった。大学時代は、車の中でラジオを聴いていた。高校のときは、図書館に直行して、新聞をずっと読んでいた。

「好きでそうしているのか、よくわからない。情報を一切シャットアウトしたら、どういうことが世の中で起きているのか、気になってそわそわする。かといって、ニュースがそんなに好きなのかというと、別に……という感じだし」

嶺井さんは、普段友人同士での情報のやりとりがない分、そういうところに行ったのかもしれない。雑談すらできる人がいなかった。

「むしろ、雑談が得意なほうだと思っている。でも、なかなか自分から心を開けないのかもしれない。中学時代は、自分が盛り上げ役だった。相手から来てくれないと始まらない。そこがすべての出発点かなと、今振り返ると思う。そこから歯車が狂ったのかなって」

嶺井さんは、自分から心を開くことができない。それは、一種の防衛反応だったのかもしれない。

「この人とは、これ以上、親密にならないほうがいいだろうっていう勝手な恐怖感というのか、あまり距離が近くないほうがいいと思ってしまうんです。二〇～三〇くらいでいいのに、五〇～六〇くらい来られて、いやそこまでは……みたいな感じで、拒んでしまうんですね」

「しょぼい履歴書」

そんな行ったり来たりするだけの大学生活も、四年のときに中退して、終止符を打つ。

「大学まで来ても、友人ができなかった。高校のときもずっとひとりで食べてきたので、閉ざされた人間関係の中で、孤立してご飯を食べるというのは、それだけでトラウマになるんです」

中学時代、あるいは高校時代、ひとりぼっちだったという有名人の話をよく見聞きする。しかし、嶺井さんからすると、期間が短いのではないかと感じるという。同じ不登校だった人でも、小学校のときや中学校のときだけだったら、高校に入学してからいくらでもやり直せる。ずっと学校に通えなくても、高等学校卒業程度認定試験（旧大学入学資格検定）

に合格して大学に入るなどして、社会の第一線で活躍している人たちもたくさんいる。

「ひとりぼっちで授業を受けるのも、いい加減、疲れたんです」

嶺井さんは、話しているだけで、罪悪感が募ってくるという。

「悪いことをした」という親への申し訳なさや、情けなさだ。

これまで筆者は、ひきこもる当事者たちから、親の期待に応えられない自分を申し訳なく思っていて、そんな自分がみじめになるという話を何度も聞かされてきた。

「気軽に雑談できる人もいないなと思う。知り合いレベルの人さえいないんです。僕が避けているところもあるのかもしれないですけど。なかなか大人になると難しい」

嶺井さんは、そういう友人をつくりたいと思って仕事するのも違うかもしれないと思いながら、職場に通っていた。

関係性が帰属意識をつくる。あるいは、友人や仲間がいることによって、自己肯定感や自尊心が生まれてくるものだし、前向きな気持ちにもなれる。

しかし、嶺井さんは、なかなか友人をつくる機会をつかめなかった。だから、つながりを求め、勇気を出して、無理してでもコミュニティを目指した。そして、入り口前でトイレに行くふりをしたり、ウロウロしたりする。実際、ひきこもり界隈《かいわい》の交流の場などを見ていると、コミュニティの中に来ても、ぽつんとしている人は少なくない。

嶺井さんは大学を中退後、短期の派遣やアルバイト、親が持ってきたポスティングの仕事を五年ほど続けてきた。

ポスティングの仕事は、誰とも接することがない。たまに近所の住民に挨拶することはあるが、自分のペースで人と触れ合うこともなくできるのは、魅力でもある。

「ポスティングの仕事は、自分が職場に入っていくわけではないので、もちろん孤独なんですけど、孤立ではないんですよね」

バイト代は、時給ではなく、一冊一五円で、計一万円あまりになった。これらの報酬は、携帯の料金に充ててきた。

「成人が、携帯料金くらい払えないと、みじめ極まりないですから」

その点だけは、人に迷惑をかけずに済んでいる。

筆者は、携帯料金が払えずに、唯一つながっていたメールでの連絡も取れなくなってしまった人たちを何人も見てきた。

「親さまさま、というのか、人間関係が貧困な人って、経済状況も貧困だったりしていて、リンクするのかなって思うんです。逆に、金持ちで孤立している人って、デイトレーダーの中にはいるかもしれないけど、あまり聞いたことがありません」

嶺井さんは、社会に出てから、何もしていない期間のほうが長い。

求人を見て面接に行っても派遣の仕事が多く、合格を前提に「週末に来てください」「個々の派遣先に行ってください」などと、いきなり仕事の話をふられる。しかし、そんな派遣でも、落とされる。

「アルバイトに応募するのも、僕の中では勇気がいるんです。勇気出して応募して、面接を受けると、一週間くらい合否を待たされる。その結果、落とされると、エネルギーを失ってしまう。すると、次のエネルギーがたまるまで、空白期間が長くなるんです」

空白は、勇気を出すために必要な期間だと思っている。落ちてしまって、またすぐ次に応募しようとはならない。そういうことのできる人がうらやましいと、嶺井さんは言う。

ある仕事の面接を受けたときは、

「経歴も空白期間のあるしょぼい履歴書なんで、他のところは難しいと思うから、うちで採ってあげるよ」

などと、社長から余計なひと言を言われ、また傷つけられた。

気持ちがわかり過ぎる

近くにある厚労省のサポステ（地域若者サポートステーション）にも何回か行ってみたものの、メニューが合わずに対応してもらえなかった。

「こういうイベントがあるよって、お誘いをいただいたこともあったんですけど、僕も拒否していたんです。やはり、自分の境遇を認めたくなかった。ここに参加することによって、落ちてしまった自分を認めることになるのが嫌だったんです」

どんな活動に参加しても、すでにある程度の人間関係ができているところに、自分ひとりがポッと入ることは、すごくハードルが高い。一方で、以前から利用している人たちは、みんな仲良さそうにしていた。

「そんなところに、知らない人がポッと入ってくると、僕も居心地悪いし、みんなに対しても居心地悪い思いをさせているんじゃないかと思ってしまう。それだったら、僕は引きます。邪魔者は帰りますので……っていう感じになっちゃうんです。繊細過ぎるのかもしれない。もっと図々しく土足で入り込むことができれば、それで拓《ひら》けていくのかもしれないですけど……」

気持ちがわかり過ぎて、気疲れしてしまうのは、ひきこもる傾向の人に共通に見られる特性だ。しかし、嶺井さんには、その特性が自分の人生にプラスに働いたことは、ほとんどないように思えた。

「僕にはやりたい仕事があまりない。自分ができるところからアプローチしていかない。制度的な問題もあるのだろうと思うけど、最終的には、個人の意識の問題だと思うようになりました」

そんな嶺井さんは最近、アドラー心理学の『嫌われる勇気』と『幸せになる勇気』を読んだ。これ以上の答えはないと思った。

「過去の原因を探っても何もない。さんざん、それをやってきた。自分から歩み寄って、社会や他人に貢献して、関係性をつくり出す以外に幸福はないのかなって」

そこに、自尊心も自己肯定感も、すべて詰まっている。社会のせいでも、他人のせいでもなく、自分で考え、判断しなければいけない。結局、自分自身の問題であり、自分が悪いということになる。そんな結論に到達して、動こうと思っている自分がいた。

人間関係のスタート地点に立ちたい

今後、嶺井さんは、自分でもできる仕事を探して、そろそろ実家からも出て、自立したいとも思っている。あとは、電話をかける勇気だけなのだが、その一歩が踏み出せない。「仕事を始めることで、友人ができるわけではない。ただ、少なくとも、俺は仕事しているんだという自尊心や自己肯定感は得られる。コミュニティの場にも、仕事をしていない状態では、とてもじゃないけど入っていけない」

社会人同士の会話の始まりは、「仕事は何をされているのですか?」が、定番の台詞《せりふ》だ。嶺井さんは、そのときに自分が「無職」の状態では何も答えられないし、ウソをつくこともできない。早いこと自立して、月並みな社会生活を営めるようにならないと、コミュニティには入っていけないことに気づいた。

生きていく上ではお金も必要だ。働かなければ、スタート地点にも立てない。

嶺井さんは、こう言う。

「今、とりあえず自分のできることで考えると、配送系とか、業務委託みたいに、比較的好きな分だけ仕事できる形のほうが合っているかなって思ったんです。朝早くから夜遅くまでかかるとしても、車の中は自分ひとりなので、気楽な面もあるかなって」

今はもう、仕事を通じて仲間や友人をつくることは、諦めている。

「スクールやサークルでプライベートリーグという形で仲間をつくれればいいと思うけど、今は、友人づくりは二の次になりました。それよりもまず〝実家を出て働きたい〟という気持ちのほうが強くなったんです」

これからの自分の人生を決めるのは、自分自身だ。家族を含めて、他人が人生を強要するのは、余計に問題をこじらせることになる。

嶺井さんは、自分自身で期待してしまい、勝手に絶望している面がある。そういう自分にも問題があると思っている。

とはいえ、友人がいなくても普通に社会生活を営んでいる人たちはたくさんいる。

「自立した社会生活を営みたい。人間関係をつくるために収入を得たい。テニスのように気軽に参加できる運動をやりたい。今、僕は、ポッカリと空いてしまった何かを埋めたいのかもしれません」

お笑いが好きで、元々、人を笑わせるのが好きだったという嶺井さん。今度、近くで当事者主体のイベントが開かれるときには、声をかけてみたいと筆者は思っている。

第二章　親子の高年齢化

年老いた母親と暮らす

私は、●●県の●●市近郊に住む41歳男の引きこもりです。引きこもりと言っても、用があれば外に出ますし、他人と話すことも問題ありません。しかし、人間関係を築く、他人と長く付き合うと言うことが出来ません。

北国の山間にある一軒家で、母親と兄の三人で穏やかに暮らしていた石田知宏さん（仮名＝当時四一歳）から、そんなメールが届いたのは、二〇一六年一月二二日のことだ。

石田さんは、借地の持ち家に住んでいて、父親は二〇年くらい前に亡くなった。都会にいた兄は、父の死後、会社を辞めて帰ってきた。

石田さんは年老いた母親以外、社会の誰ともつながりがなく、親亡き後を心配し、将来を見出せずにいた。まさに、石田さんも家族以外の人間関係とは〝遮断〟された状態にあった。

石田さんがひきこもってからすぐに、祖父が亡くなった。その祖父の名義で貯金していた遺産によって、家族に臨時収入が入り、三人で分けた。その遺産を切り崩して、これまで生活している。


私はとても臆病な人間です。他人に自分のことを知られるのが怖くてたまりません。そのため、他人と話をするときは、自分に関することはその場で適当な嘘《うそ》を織り交ぜて話をしてしまいます。防衛本能が働くと言えば良いのでしょうか。そのせいで、後々付き合いが面倒くさいと思うようになってしまい、逃げ出してしまうのです。

こんな私ですが、引きこもりから抜け出したいとは思っています。しかし、どうしたら良いのか分かりません。２年以上前になると思いますが、ひきこもり支援センターに自分から電話をして通ったこともありました。一大決心だったのですが、そこでは担当の方と話をするだけで、あとはサポステなどの若者向けの支援施設を紹介されるくらいでしたので、通うのをやめてしまいました。

ひきこもり支援センターに行かなくなって1年半くらいになりますが、次が見いだせずにいます。最近では焦りを感じています。県にも中年引きこもりでも支援をしてくださる所や、同じくらいの年齢の引きこもりの方と話が出来る機会があれば良いのですが。情報が無いです。どうにかしたいのに、どうにもなりません。

就職氷河期

そんな石田さんと連絡を取り合い、駅前の公共施設で待ち合わせたのは、二〇一六年三月四日のことだ。外はまだ真っ白な積雪の残る会館のロビーに現れた石田さんは、仏様のような柔和な表情をしていて、その落ち着いた話し方からも温かみが伝わってくる。

石田さんは、ネットが好きだった影響で、ＰＣ歴は長い。若い頃から、仕事をしては休んで、また仕事をするという繰り返しだった。

それでも、学校に通っているときは、こんなことはなかったという。働くことが長続きしなくなったのは、あくまでも仕事に就いてからだ。

高校を出てからは、近隣の専門学校に入学した。コンピュータ関係を学び、専門学校に通う二年間は、ひとり暮らしをしていた。

専門学校を卒業後、郷里の実家に戻った。しかし、その当時はちょうど、就職氷河期の真《ま》っ只中《ただなか》にあって、方向性の合う会社がなかった。

求人はコンピュータとは関係ない内容の会社ばかりだった。例えば、土木関係でＣＡＤ（キャド＝コンピュータ支援設計）の仕事をする約束で採用されたのに、実際に石田さんがやらされていたのは、まったく関係のない仕事だったのだ。

周囲の同級生たちは、近隣の自治体から通っている人が多かった。

「みんな就職していきましたが、コンピュータ関係の仕事に就いた人はいなかったのではないでしょうか。専門学校の就職率をカタチだけ上げたかっただけなのではないかと感じた」

石田さんは、希望していたコンピュータの仕事に就けず、卒業してからというもの、ポッカリと時間が空いてしまった。とりあえずアルバイトでもしようと、一年くらいコンビニで働いた。この間、昼も夜も問わずに、コンビニの店員を務めた。

田舎のコンビニは、長閑《のどか》なものだった。夜になると、客はほとんど来ない。それでも、商品がたくさん搬入されてくる。といっても、中味を箱から出して、並べるだけだ。夜は、その作業をひとりでこなす。

コンビニの店舗は、自衛隊の官舎の近くにあった。夜、自衛隊員が来て、ビールを大量に買っていく。冷蔵庫の後ろでビールを棚に入れていると、客が冷蔵庫の前でビールを次から次へと取っていく。

最近のコンビニは覚えることが多くなったが、当時はそうでもなかった。時給は七五〇円から八五〇円くらい。ただ、近所の知っている人に見られたくなかったので、自宅から離れたコンビニを選んだ。通勤にかかる時間的な拘束を考えると、あまり割に合わなかった。

客の来ない夜よりも、昼のほうが苦痛だった。昼間から酔っ払った客が来ると、面倒くさいことになる。

「幹部候補」が与える恐怖

石田さんは、コンビニでバイトしている間も、たまに求人誌を見ていた。一年後、就職試験を受けてみたい会社が見つかった。希望していたプログラムの仕事とは違うものの、全国にチェーン展開しているパソコン店の販売員だった。一年間何もせず、新しいことも覚えられなかったので、それも仕方ないと思った。

ちょうどウィンドウズ95が流行《はや》り出した頃で、自分の知識が役に立った。とりあえず持っていなければ……という動機で購入しにくるお客もたくさんいた。ただ、接客業はあまり楽しいものではなかった。

同世代の同僚にも何人か、コンピュータ系の専門学校の卒業生がいて、人間関係は苦にならなかった。交通費込みの月収は、手取り一五万円あまり。二年ほど在職した。

「幹部候補のスーパー店長が来る」

石田さんが店を辞めたのは、そんな噂《うわさ》が職場に流れたのがきっかけだった。

「数字を絶対に上げなければいけないというノルマを背負っているため、自分とは絶対に合わない上司だろう」

そう直感した石田さんは、お互いが嫌な思いをする前に、赴任して来る直前、辞表を出した。勢いだけで稼働している会社は怖いと思ったという。

懸念したとおり、その後、店舗は、別の系列会社に吸収された。その上司が社内で生き残れたかどうかはわからない。

石田さんは、パソコン店を辞めた後、四〜五年くらい自宅にいた。精神的に参っていたわけではない。ただ、どうしても働く気になれなかった。

「人間関係が面倒くさかったのかもしれません」

母親は、特に何も言わなかった。生活費も、地代も山間部だけにそれほど高くない。父が残してくれた遺産で細々と食べていけた。

石田さんは、母親とは今でも普通に話ができて、良好な関係だ。家の中で責められることがないだけに、穏やかな表情をしているし、いいひきこもり方をしてきたのか、エネルギーも十分満ちているような感じがした。

「当時、コンピュータ関係の仕事は諦めていました。知識もずいぶん抜けちゃったので……」

その後、石田さんは簿記の日商二級の資格を取った。経理の仕事に就こうと思ったからだ。

筆者の亡き父も長年、大手石油会社で経理課長をしてきて、財務関係のオンラインを任されていた。そんなスキルを持っていたからか、定年退職後も、関連企業で財務担当の役員を務めていた。

石田さんは、こう説明する。

「実際は、田舎の会社は、経理として採用しないんですよ。経理事務であっても、経理の専門職ではないんです。電話対応からお客様対応まで、すべてこなすことを求められたんです。普段は事務対応をして、帳簿は税理士さんに見せればいいから……みたいな感じなんです」

「経理」という名目の求人はほとんどが、資格を問われるよりも、「経験者優遇」だった。入っていくための間口が極端に狭く、気づいたときには、方向転換もままならなかったのだ。

自己啓発本のウソ

こうして石田さんは四~五年、家にいた後、半年から一年ごとに、経理とは関係のない仕事を転々とした。「何かやらなきゃみたいな義務感」で、仕方なく働いた。

この間、運送会社でも働いた。卸会社から業務を請け負って、倉庫から病院に医療関連の商品を軽トラックで運ぶ仕事だ。ただ、冬になって、山間の雪道を軽トラックで走る自信がなくて、会社を辞めた。

石田さんは、登録した会社から流通会社の倉庫に短期で派遣されて、品番チェックしてトラックに積み込む仕事もした。ひとりで黙々と単純作業ができるので、嫌ではなかった。でも、お盆などの時期になると、朝から深夜までやらされて、体力的についていけなかった。

あるときには、街の電気屋でも働いた。仕事内容はほとんど、エアコンの取り付け工事。一緒に働いていたのは、電気工事士などの資格を持った人たちだった。

「街の電気屋さんは、工事やメンテナンスがメインでした。一般家庭に伺わなければならず、ちょっと大変でした」

そのうち、電気屋の仕事内容も、当初の工事の補助ばかりでなく、しばらくして「営業へ行ってこい」と言われるようになった。

「おばちゃんしかいない時間帯に、〝電球、切れていませんか？〟などという会話から入っていくんです。三河屋さんみたいな御用聞きですよ」

それは、電気屋が昔からのつきあいのあるお得意さんという関係性だ。だから、石田さんが声をかければ、話をしてくれる人もいた。

私たちがエアコンを購入するとき、都会の量販店であれば、一カ月ほど待たされることもある。そんな状況の中で、「うちの電気屋なら翌日には取り付けに行ける」というのも売りだったのだ。

しかし、石田さんは人づきあいが苦手なだけに、日に日に疲れが蓄積していって、うつになってしまった。いわゆる「営業うつ」だ。

「長く続けたいと思っていましたが、営業だったので、元々無理だろうなとも思っていました」

ひきこもる心性を持つ多くの人と同じように、石田さんも人一倍頑張ってしまうからか、その反動で、一気に疲れがしわ寄せになって表れてしまう。

「承認意欲はあまりないんです。もしできれば、社会の片隅でひっそりと生きていきたい。社会はきちんと機能していて、その中で自分だけポッンとひとりで生きていくほうが、自分らしいと思っているんです」

社会というのは、虚ろなものだ。石田さんにとって、思うことはたくさんあるものの、危機感はない。「人類もそのうち滅びるかもしれないし、今はまさに、その過程なのではないか」と考えているからだ。

「ビル・ゲイツも、人工知能が人間を超えれば、人間は滅ぼされると言っていた。そう遠い話でもないのかなって……」

石田さんは、「自分がどうにか生きていこうとしていることを他者には見守ってほしい」と思っていて、他人から強要されるのは好きではない。

大勢に従う流れとは、真逆の行動をとりがちだった。みんながやることと反対のことをやりたい。だから、自分は孤立しているのだと、石田さんは思っている。

「自己啓発本を読むと、〝こういうふうにすれば、君も変わる〟みたいな夢物語が書かれているじゃないですか。ああいう本、大嫌いなんです。なんで、僕らが変わらなきゃいけないんだよって（笑）」

石田さんは、テレビなどでよく見るような、つくられたサクセスストーリーの気持ち悪さ、ヤラセ感が伝わってきて、うんざりするという。

新聞やテレビ、雑誌などのメディアにも、タイアップ企画なのかどうかもわからないPR的な報道が溢《あふ》れている。しかし、現実は必ずしも、そのサクセスストーリーのとおりに終わるわけではない。ひきこもる傾向のある当事者たちは一般的に、そうした世の中のウソを見抜いて、炙り出すのが得意だ。

支援センターが相談者を「もてあます」

そんな外界の煩わしい喧騒《けんそう》や人間関係に嫌気が差した石田さんは、一切の関係性を遮断し、九年間、家で毎日、ネットをしていた。主に「GYAO!」という動画サービスで、無料のドラマやアニメを観《み》ていた。アカウント登録の必要のない動画を選んだのは、自己防衛のためだ。だから、ネットを使っていても、書き込むことはしない。

例えば、ツイッターはアメリカの会社だ。アメリカの法律に準拠している。何か問題が起きたら、アメリカに呼び出しを食らうかもしれない。石田さんは、そういうまったく知らない法律の国のサービスなどは使わない。フェイスブックも、登録名は基本的に本名なので、自己防衛のために使わないという。

「インターネットは、性悪説というか、最初に悪が来ると思っているんです」

石田さんは、ネットを通じて吸い取られたり、侵害されたりする問題を非常に警戒する。

一方、ネットでは動画以外にも、素人が投稿したような小説を読んでいた。いわゆる〝ライトノベル〟（軽妙な文体や絵で描かれた若年層向け小説）だ。

メールのやりとりについても、石田さんは文章を気にする。こういう文体でいいのか。敬語的にどうなのか。ひとつひとつ調べるだけでも、かなり時間がかかる。だから、メールを用いることはあまり好きではない。

毎日、同じようなことを繰り返す日々。でも、飽きることはない。パソコンの前に座っているのなら、何時間でも何日でもいられるという。もちろん画面を眺めるだけで、ネットに参加することはしない。

「世の中には、ひきこもるのは絶対に無理だという人もいる。そういう感覚と同じだと思うんです」

冒頭のメールにもあったように、石田さんは、四〇歳目前になって、行政の「ひきこもり地域支援センター」に電話して、思い切って相談窓口に行ってみた。九年間続けた「遮断」からの脱出だった。

「〝電話でもいいですよ〟って言われたんですが、電話は苦手なんですよ。基本的に、相手と顔を合わせないで話をするとかメールするのは、言葉遣いや文体がすごく気になって、時間が莫大《ばくだい》にかかってしまう。顔を見ながら話せれば、笑って許してもらえるかなと思って。そういう安心感があります」

石田さんは電話で同センターの相談窓口にアポイントを取り、約束した日時に訪ねると、対応してくれたのは、二〇代の女性相談員だった。

「最初の段階で、支援センターについての説明があり、〝ここでは仕事の斡旋《あっせん》はできないので、仕事を希望される場合はハローワークに行ってください〟って、やんわりと言われるんです。仕事を期待して来られる人がいるんでしょうね。特に親は、そうなのかもしれません。うつ病の人に言ってはいけない言葉とかは口に出さないようにしていたから、研修は受けているようでした」

石田さんは面談の後、ＩＱテストをはじめ、アルファベットの頭文字だけで名づけられたテストを何種類か受けさせられた。このテストを受けると、何がわかるのかという説明は、まったくない。相談員は、きっと精神疾患や発達障害などを疑っているのだと思った。同じ建物内には、医療機関も入っていた。

「結果だけを見れば楽しめたけど、テストをやるのはきつかったですね」

以来、ひきこもり地域支援センターには、月に二回ずつ一〇カ月ほど通った。この期間中は、「面談と面談の間に何をしていましたか?」「何か気になることはありますか?」などと、同じ相談員から質問を受けるだけだ。相談員も、石田さんの扱いをどうしていいのかわからず、もてあましているようにも感じられた。

国は最近、ひきこもり地域支援センターなどの相談窓口の設置を都道府県や政令指定都市で進めてきたものの、自治体から丸投げ同然で受託している機関の中には、ひきこもる人たちの気持ちや特性を理解できずに言葉や対応で傷つけて、再び「ひきこもり生活」に追いやってしまうような勉強不足の相談員も少なくなかった。

ひきこもり自助会

結局、石田さんが相談員から紹介されたのは、地域若者サポートステーション（サポステ）と若者支援向けの職場体験ができる就労移行支援機関の二カ所だった。

「これらは、若者向けだから、自分のようなおっさんが行ってもしょうがない」

そう言って渋っているると、メニューが他になくて途方に暮れているようだった。こうして、当事者たちのニーズに応えきれていない自治体の支援メニューの貧困さが炙り出されていく。サポステや就労移行支援機関を紹介するだけなら、何のために開設された相談窓口だったのかということになる。それぞれの地域で、当事者たちの受け入れに理解のある、多様な社会資源の掘り起こしが急務とされる所以《ゆえん》だ。

「ここはもう、通ってもしょうがないのかな……」

石田さんはそう思って、就労移行支援機関のほうに一週間ほど、「お試しで」通ってみた。紹介されたといっても、直接つながっているわけではないようで、結局は、自分でネットで調べて、自分で連絡した。

しかし、そこでも石田さんは、コミュニケーションやマナー講座という「今さら受けても仕方がないし、必要ともしていない」内容の授業を受けさせられた。パソコンの基礎学習や農作業体験というメニューもあった。基礎学習や農作業体験は費用がかかるものの、一〇代のような若い人であればよさそうな所に見えた。

「この歳《とし》になってひきこもっている人って、就職することを諦めた人たちだと思う。だから、どうしていいかわからなくなる。集まれるところが欲しい。集まれば何かできるのではないか」

そう考えた石田さんが、これまでの孤立経験を通じてたどり着いたのは、ひきこもり関連のポータルサイト情報だ。昔、ホームページを運営していたことがあるから、人と情報が集まれば、できそうな気がした。

現実を考えれば、就職以外の道を探さなければいけない。そこが重要だと石田さんは考える。

「みんながみんな就職しなくてもいいことにならなければ、これから先、僕らは生きていけなくなるじゃないですか」

石田さんは昔から、友人関係のつきあいがない。子どもの頃から、いつもひとりぼっちだった。

学校時代も、話はするけど、学校だけのつきあい。表向きの関係で、へらへらしているのは、あまり気にならなかった。そもそも友人をつくりたいという気持ちがない。面倒くさいという風に思ってしまうからだ。

むしろ、ひとりでいるほうが、気が楽だった。デメリットは、特に感じたことはない。でも、最近、同じような境遇の人たちと会ってみたいと思うようになった。

筆者は、メールでのやりとりをきっかけに、近隣の同じような状況にある当事者たちを石田さんに紹介した。すると、当事者たち同士でやりとりを始め、この年、自助会を立ち上げた。会場は、話を聞いた社協が無料で会議室を提供してくれた。

石田さんは、少しずつ動き出し、思いが形に変わろうとしている。理解ある母親との良好なコミュニケーションと、場をつくってくれた社協の職員などの理解ある周囲のサポートが、石田さんたちを社会につなげようとしていた。

第三章　毒親・ロスジェネ世代の就職難

新卒採用後の転落

今は職場で働いていていても、将来、社会から〝遮断〟される事態に陥る可能性は、誰の身にも起こり得る。

私は現在都内で契約社員一般事務職をしています。建設会社にて勤務です。大学新卒後で初めて入った会社があまりのブラック企業で、大量採用大量退職、土日なし、ボーナスなし、残業１００時間超えという環境でした。そこを１年でやめたあと、今まであきらめずにたくさんの企業をうけてきましたが、正社員として採用してくれる企業は１つもありませんでした。受けた数は、新卒から合わせれば、ゆうに200は超えるんじゃないでしょうか。

そんなメールをくれた細川佐知子さん（仮名＝当時三九歳）に、二〇一六年五月一九日、都心にあるラウンジで面会した。仕事を終え、ＯＬの雰囲気を漂わせる細川さんは、二〇二〇年東京五輪に向けて、急ピッチに再開発が進む都心の建築現場で、非正規職員として働いていた。

「おまえら、能力がなさすぎる」

細川さんが大学を卒業した一九九九年当時は、超就職氷河期だった。六〇社以上の入社試験を受けたものの、すべて落ち続けたため、内定先の決まらないまま、卒業せざるを得なかった。

細川さんは卒業してからも、がむしゃらに就職活動して入社試験を受け続けた。その結果、ようやく採用された先は、従業員一〇〇人弱のブラック企業だった。

例えば、求人では「事務職」と記されていたのに、残業は一〇〇時間を超える勤務状況が続いたという。

「当時の社長は二代目のボンボンで、現場のことが何もわからず、仕事量を理解しないまま、定時に帰ることばかり指導していました。結局、従業員は仕事が間に合わないため、そのしわ寄せで、土曜・日曜もこっそりサービス出勤せざるを得ない状況だったんです」

ボーナスは、細川さんが入社した年から出なくなった。

「おまえら、能力がなさすぎる。雇ってやっているだけでもありがたく思え！」

毎日、社長は朝礼で、そう叫んだ。

「いくら新人を採用しても、早ければ翌日には辞めていくようなありさまでした。そんな過酷な職場環境を必死に一年間耐えましました」

細川さんは毎日、深夜まで残業した。

ちょうど「派遣」が流行し始めた頃だ。情報もなく何も知らなかった細川さんにとって、「時給が高くて仕事が選べる」と宣伝されていた「派遣」という働き方は、夢のように感じられた。

一年後、細川さんは、この「ブラック」企業を辞め、派遣会社にエントリーした。深夜残業が当たり前だった細川さんにとってみれば、明るい時間帯に帰宅できることが夢のようだった。

当時もらっていた時給も一八〇〇円。ボーナスなどはないものの、卒業一年目の正社員のときよりも収入はよかった。

アダルトチルドレン

細川さんが二〇代の頃は、派遣にエントリーすると、採用が簡単に決まった。このままずっと、このように生きていけるのだと信じていた。

しかし、それが幻想だとわかるまでには、それほど時間がかからなかった。

細川さんは二九歳のときに結婚して、三〇代に入った頃から、求人の数はガクンと大きく減った。いくらエントリーしても、「応募者多数につき……」という返事が来るようになり、面接にも行けない状況になっていた。

これはまずいと思った細川さんは、直接、雇用してもらおうと就職活動を始めた。ところが、正社員として求める仕事内容が、これまでの業務とまったく一致しない。自分がこれまで経験してきた「事務」の職種でみると、求人はほとんどなかった。

そこで、失業保険を受給しながら、職業訓練校でCADを学んだ。三カ月コースを受講して、再び応募し続けたものの、まったく採用されなかった。

なぜ私はここまで受からないのだろう？　そう考えて、自分の悪いところは直したいと思って、一時期、Ｙａｈｏｏ！知恵袋の中で同じような悩みを載せている方に向けて回答し、合わせ鏡のつもりで自分に自問自答していた時期があります。それで、出た回答はやはり、自分がアダルトチルドレンであるがゆえ、人間関係がうまく築けないことが、うまくいかないきっかけなんだろう、とたどり着きました。

細川さんは、子どもの頃から学生時代まで、母親から虐待や兄弟差別、暴言の濡れ衣などの理不尽な仕打ちを受けてきたという。

「就職活動が上手くいかないのは、その場での受け答えに問題があるのではなく、過去の自分がどういう人間だったのかを見られているからでしょう。私は小学校の頃から高校時代まで、ずっといじめを受けていました。いじめられるのは自分が悪いからだとずっと思ってきて、じっとひとりで耐えてきたことで、コミュニケーションをとれなかったことが影響しているのかなと思うんです」

いじめられているとき、つらいと感じないよう、何も考えずに心を閉ざした。細川さんは、こう話す。

「精神が死ぬとは、このことを言うのだろう。でも自分自身を守るために、感情を殺してきたんです」

ドラマのような生活を夢見て

細川さんが中学に入ると、いじめは一層ひどくなった。ブラスバンド部に入ると、ヤンキーのような生徒に目を付けられた。どこに行っても、いじめる相手がいるように思えてつらかった。

母親に相談すると、

「お母さんは、かわいく産んであげたよ」

「ニコニコすれば、いじめられないから」

などと言われた。

「周りの同級生たちから〝気持ち悪い〟〝こっち見るな〟と言われているのに、親は無力です。親がひとりそう言ってくれても、何の効力もないんですよ。親のひいき目だけです」

細川さんは、小・中・高校時代の長い時間、ずっと感情を殺す人生を送ってきた。その時期にコミュニケーションを通じて、いろいろと学ぶべきものを十分育めなかったことが、後々の就職活動や人間関係にまで後遺症を与え、マイナスに見られてしまうのではないかと感じている。

そんな細川さんがつらかったとき、支えになったのは、テレビのドラマだった。特に、かつての『ひとつ屋根の下』などのトレンディドラマが好きだったという。

自分自身は悲惨な生活をしているが、ドラマのキラキラした人たちを見ていると、本来の学校生活や家庭の温かみとは、こういうものなんだろうなと想像し、そんなドラマのような生活を夢見ていた。その現実とのかい離が、就職でも上手くいかないギャップにつながっていることに気づいた。

「父親の愛情ってこういうものなんだとか、人間として、こうあるべきというものをドラマで勉強していた感じです。今の自分は〝みにくいアヒルの子〟だけど、いつかは、あのドラマのような世界に羽ばたきたいと思っています」

細川さんは大学時代、流通業や小売りの研究をしていた。まさかここまで就職できなくなるとは、思ってもいなかった。

振り返ってみれば、新卒のときの就職活動で失敗したことが、元々の問題の発端だった。今に至るまで二〇〇社以上受けてきた。

「みんなが同じように入社できないのなら、景気が悪いのかと諦めもつく。でも、ゼミの仲間は、不本意ながらも全員、就職していました。私だけが決まらなかったんです。なんで？　という思いがあって、自分なりに就職に関する記事などをいろいろ読んで、何が悪いのかを顧みました。特に似たような悩みを抱えた人たちの話を読むと、自分のことのように感じました」

その後も、派遣などの非正規待遇の仕事を転々とした。メールにもあったように、派遣の後、唯一入社できたのが現在の都内の建設会社で、契約社員の一般事務職としての勤務だった。

当初、浅はかな知識で、自分に足りないのは、資格がないからだと思っていた。不景気だったこともあり、同世代を見ると、周囲はみな、資格を取ろうとするのが当たり前のようになっていた。

細川さんは「諦めなければ夢はかなう」と信じて、なんと、頑張ってファイナンシャルプランナー（FP二級）の資格を取得した。会社が、社員への登用条件に、資格を義務付けていたからだ。人間関係の悪さを補うためにも、できることは資格の勉強しかないと思った。

「奥様」代わりの作業所勤務

ところが、ファイナンシャルプランナーには、資格を維持するための費用が年間一万円以上もかかった。資格があるからといって、就職に有利になるわけでもない。また、今の会社で実務経験を積むこともできなかった。

唯一入社できた現在の職場でも、派遣で働いていた頃の勤務内容と変わらない。それでも細川さんは、何とか社員になれる経験を積まなければ……と、いろいろアピールしてきた。

しかし、当時は企業再編の嵐が吹き荒れていた時期で、ほとんど仕事がない。細川さんも、部署をたらい回し状態になり、一日中じっとしているだけの日々が続いた。

この企業は社内に、定年後の次の会社を紹介するためのキャリア部門があって、人材派遣会社と契約していた。

細川さんが最終的に会社の上司から言われたのは、「立派な資格をお持ちのようで、うちの会社ではもったいない。人材派遣会社を使って他へいったほうがいい」という、事実上の退職勧奨だった。

その後しばらくして、異動を命じられた先は、現場の作業所だった。資格をリストラの理由とされ、資格があだとなったと、細川さんには感じられた。

やっとつかんだ契約社員の事務の仕事だったのに、今では次の現場があるかどうかを心配しながら生きていくような生活だった。自分ひとりの力ではどうにも抗《あらが》うことができず、キャリアを積むことができずにいる。

二〇〇六年前後のＩＴバブルの頃、細川さんは現在勤めるゼネコンで、ようやく派遣から社員に登用された。ところが、いつも男性ばかりの中で、女性ひとりの状態だった。男ばかりの所帯ということもあってか、仕事内容は、お茶くみやコピー取りなどの男性社員の御用聞きのようなお世話ばかり。社員とは名ばかりで、請求書などを入力しているときが、最も事務らしい事務の仕事だった。

「いつも男性の〝奥様〟代わりのような世界なので、社員登用なんて機能していないのが現実でした。スキルも身に付いていかないんです。だから、転職したくても、通用するところがないんですね」

二〇〇八年頃のリーマンショックで景気が悪くなると、組織の再編が行われ、細川さんは現場をたらい回しのような状態にされた。

現在詰めている現場もまた、周りが技術者ばかり。事務職は細川さんひとりだけだ。しかし、職場で交わされている話の内容は、専門用語が多くてよくわからないため、どうしても職場の中で孤立してしまう。

そこで細川さんは、何とか話のきっかけをつくりたいと、通信制の大学にも通い始めた。工事現場が立ち上がっている間、プレハブの中で、いつもひとりで事務をしている。大きな現場になると、従業員は二〇人近くに上る。

すでに建設業界に入って、かなりの年数が経《た》った。しかし、業務内容はぶつ切り状態のため、キャリアとして継続することはない。しかも、細川さんの場合、現場が立ち上がっている期間ごとの契約なので、工事が終わると、次の契約があるのかどうかさえわからない。

次の現場がなければ、たちまち無職に落ちることになる。社員という肩書きを手に入れたものの、そんな先行き不安の不安定な状態は、職場内での情報がまったく閉ざされた中で、これから先もずっと付きまとっていくのだろう。

今後、仕事を失ったとき、すべての関係性は〝遮断〟される。細川さんは、そんな過去から続く不安を抱えながら、ブラックな現場で働き続けている。

第四章　機能不全家族

無理矢理学校へ行かせることとの弊害

母親と息子の母子家庭でのネグレクトや精神的虐待といった「機能不全家族」の環境下で育ってきたと自認する宮本光宏さん（仮名＝当時四五歳）も、筆者が隔週木曜に連載している「ダイヤモンド・オンライン」で紹介した当事者の事例を読んで、「私によく似ている」「とても他人事とは思えません」と連絡してきたひとりだ。

私の頃は、バブル時期だった事もあって就職は何とかなったのですが、やはりリーマン関連で解雇されて、それ以来は、生活保護です。現在の雇用率が改善していると言われるのは、ごく一部の方向けであって、ひきこもり経験があると言うだけで、書類審査で弾き飛ばされるのが現状です。まして、中卒（高校中退）者を中途採用する企業などあるのでしょうか？と思っています。

ここで痛感したのが、家庭環境の大切さです。特に幼少期に適切な養育環境がないと、お互いに苦労する事になります。

そうメールで綴ってきた宮本さんとは、二〇一六年五月二一日、新宿の喫茶店で待ち合わせした。

宮本さんは、東日本にある地方の競馬場のある街で生まれ、現在は東京に住んでいる。

メールでは、こう訴えていた。

祖父が先に亡くなり、祖母の年金と児童扶養手当に依存した母親、それと不登校だった自分。私自身、父親が１歳の時に離婚して母親は働いていたようですが、私の養育は祖母に任せて、実際は養育放棄して競馬場などに出入りしていたと、後になって祖母から聞きました。

私もそうなのですが、適切な養育がないと学校生活というものに馴染《なじ》めません。馴染めないと言う事は、待ち受けているのは「いじめ」です。

それから身を守るために、不登校と言う選択肢を選ぶ場合と、単に学校生活に馴染めないから不登校になるなど色々なケースがあるかと思いますが、学校には解決能力は望めません。学校の教師は、基本的に経済的に苦労していない方が多く、管理職は自身の保身が第一となっていて、不登校などのケースには積極的に関わらない傾向が高いようで、その時点で烙印《らくいん》を押されてしまいます。

民生委員は、記事でご指摘された通り地域の名士・実力者が「名誉職」としてなっている事が多い事もあって、ケースは揉み消すか何かして報酬だけしっかり取ってればいいような方ばかりで、活用のしようもありません。そうすると、新しい形で連携する相談機関があればと思うのですが、社会保障費が抑制されている今、どうしたらいいのかと考えるのですが、本当に困窮している方にはそうした発想すら湧かず、その日をどうやって凌《しの》ごうかと言う事で、精一杯になってしまい、思考する能力が奪われているような気がしてなりません。

社会人になってから、人間関係が上手くいかず、人とのつながりを遮断してしまった人たちとやりとりしていると、実は学校時代にいじめや暴力などのつらい体験に遭い、ずっとひとりぼっちだったという話をよく聞く。

問題なのは、そうした直接的な行為そのものよりも、そのときに教師や親などの周囲が本人にどう対応したかが、その後の人生の分かれ目になっていることが少なくない。

例えば、学校でのいじめを担任教諭に気づかないふりをされ、いじめを否定され、なかったことにされたという子どもが、その後不登校になり、誰とも口を利かなくなった事例もある。

自宅から引っ張られて無理矢理学校に通わされ続けた結果、学校は卒業したものの、あるとき体調を崩して、今も社会に出られない人もいる。

親に自分の味方をしてほしかったとき、周囲に上手くいっている家を演じ続けるために、親に隠された子どもが孤立していく。その後も、そうした痛みを想像できない周囲の無理解によって、支えのない本人は追いつめられ、どう生きていけばいいのかわからなくなっていく。

筆者は、そんな当事者たちの声に、たくさん接してきた。

「機能不全家族」で育ってきたという宮本さんの場合は、雇用率が改善していると報じられている割には、こうして不登校を経験すると、書類審査で弾き飛ばされるなどして就職する機会も限られてしまい、中卒（高校中退）者を中途採用する企業など本当にあるのかさえ疑問を感じると明かす。

虐待の連鎖

宮本さんが生まれたとき、地方に住んでいた母親は競馬好きで、三歳の頃から競馬場に出入りしていた。まだ昭和四〇年代の頃だ。当時、女性が子どもを連れて競馬場に行くなんて景色は、到底考えられない時代だったと思う。

母は仕事に行くと言っては、宮本さんの育児を祖母に任せ、競馬場やパチンコに出かけていった。宮本さんも時々、競馬場やパチンコ屋に連れて行かれた。そのときの情景を、今も覚えている。

宮本さんは、競馬場に行くと、周りの知らないおじさんたちから、よく叩かれたという。レースに負けた人たちの八つ当たりだった。思い切り叩かれるので、とても怖かった。

保育園に通うようになってからも、母の競馬場通いは続いた。当時、キャバレーにホステスとして勤めていた母親は、祖母の年金と児童扶養手当を頼りに、宮本さんのことは放ったらかしにしていた。

ある日、母親は「好きな人ができた」と言って、家を出ていった。その好きな人と一緒に競馬場などに行っていたという話も、後に祖母から聞かされた。

女手ひとつで育てられてきた。でも、愛情を受けたという実感がまったくない。小学校も、親の都合で三回にわたり転校させられた。

家での食事や、保育園の送り迎え、宮本さんのお弁当をつくることも、すべて祖母が面倒を見てくれた。

「おまえなんか、生まれてこなければよかった。産みたくて産んだんじゃないんだよ」

宮本さんがいたずらをすると、母親からはいつも決まって、そう言われた。

「競馬場に、置いてこようか？」

そんな脅しのような言葉をたびたび浴びせられたことも、よく覚えている。そのたびに宮本さんは不安な気持ちに襲われた。

生まれ故郷の街にある競馬場は、宮本さんにとって、今でもトラウマだ。

「母親自身の考え方が、ズレていたのではないか？」

今になってみれば、宮本さんは確信できる。しかし、当時はそんな母親が間違っているとは思っていなかった。

「自分だけでなく、母親自身もネグレクトを受けてきたんです。虐待の連鎖でした」

子どもの頃、自分がされて嫌だったこと、傷ついてきたことは、自分の子どもにはやらないのが一般の親だと思っていた。でも、現実は違った。

宮本さんは競馬場に行くと、思い切り馬券を破った。母親めがけて、おもちゃを投げたこともある。でも、それが精一杯の抵抗だった。

とはいえ、当時、周りの子どもたちとは違うと思っていた。母子家庭というだけで、「おまえには父ちゃんいないんだ」などと、いじめられる時代だった。

一方で、同じような母子家庭の子どもとは仲良くなることができた。なかなか祖母が迎えに来てくれないときは、保育士の元から離れられなかった。

弟との永遠の別れ

そのまま宮本さんは、公立小学校に進んだ。しかし、一年生の一学期の途中、母親が浮気相手の家に転がり込むことになった。「学校を替わるよ！」と、母親は嬉《うれ》しそうな顔をして言った。

宮本さんは、せっかく仲良くなった友人とも別れなければならない不安な気持ちに襲われた。それ以来、どこの学校に行ってもクラスメートに溶け込むことができなくなり、クラスでいじめの対象になった。

転校した先は、まったく知らない土地で、四〇人学級が四〜五クラスあった。学期の途中だったため、仲のいいグループが固まっていたところに上手く溶け込むことができなかった。

母親の相手の男性は、母親のことが好きなだけで、宮本さんへの愛情はまったく感じられなかった。ただ、祖母は自分に最後まで付いてきてくれた。宮本さんには、世界中で祖母だけが安心できる存在であり、祖母以外につながりがなかった。

「祖母がいなかったら、私は今、どうしていたのかな、と考えます」

しかし、そんな関係も長続きしない。母親も人づきあいの下手な人だった。二年サイクルで次々に相手の男性が替わった。

宮本さんが小学四年のとき、母親は再婚する。また遠くの街に引っ越すことになり、再び学校も転校しなければいけなかった。またも見知らぬ街で、相手の実家は酪農家。しかも母親は長男の嫁ということもあって、期待する関係を築くことなど、とてもできそうもなかった。

宮本さんの弟が産まれたのは、その頃のことだ。率直に言って嬉しかったが、宮本さんより一〇歳以上も年下だった。

ところが、小学六年の三学期、突然、母親は「故郷に帰るぞ」と言って離婚した。

「長男の嫁でいることに疲れた」

母親はそう言っていた。酪農家の相手との間に生まれた弟は、その街に置いてきた。その父親違いの弟とは、今では音信不通だ。

以来、宮本さんは学校を替わることに伴う諸々《もろもろ》のストレスに疲れ、学校には一切、行かなくなった。

その後、生活指導の教員が自宅までやってきて、宮本さんを学校に連れて行こうとしたが、ドアや壁にしがみついて抵抗した。無理矢理力ずくで連れ出そうとする教員も、世間体を気にして学校に行かせようとする母親のことも、絶対に許せなかった。卒業式にも出なかった。

この頃から宮本さんは、心を誰にも開けなくなっていた。


「義務教育は終わったんだから。家から出ていけ」

中学校は、入学式も含め、わずか三日しか登校しなかった。三日間だけ通ったのは、祖母から制服を買ってもらったので、祖母への義理みたいな気持ちからだった。

「実際のところ、学力は小学校で止まっていると思う」

宮本さんは、そう話す。

当時は、フリースクールのような場があるわけでもなく、部屋にこもってラジオを夢中で聴きまくった。主に、ニュース、ローカルの生放送、深夜放送など、社会問題などに関心を持ち過ぎた。

中学校に通わなかった間、宮本さんは、ブラウン管の向こうでＮＨＫニュースのアナウンサーが原稿を読む姿に憧れた。こんな仕事をしてみたいと漠然と思っていた。実際に、手書きで原稿を書いて、物まねばかりしていた。

「きちんと勉強すればよかったんでしょうけど、教科書がわからなくて、付いていけなかったんです」

この頃から、宮本さんは、学校の教師と母親に対する不信感から、会話することもなくなった。

祖母が家を離れたため、母親とふたりきりになっていた。しかし、夜の仕事を始めた母親は、食事をつくらなくなった。テーブルの上に毎日、五〇〇〇円札を置いて出かけていった。紙には「ご飯を買ってください」と置き書きが残されていた。

一日三食五〇〇〇円。三〇年前、物価は今とそれほど変わらない時代、牛丼を食べに行っただけでも一食で終わってしまうため、外食ではきつい。だから、食材を買ってきては、自分で食べたいものを、料理番組などを見ながらつくった。

母親としては精一杯だったのかもしれない。ただ、どう見てもネグレクトにしか見えなかった。

この間も、母親は相変わらず、競馬やパチンコにのめり込んだ。今では、ギャンブル依存症ではないかと疑っている。

一方、宮本さんは中学を留年する予定だった。しかし、母親が学校に「卒業証書を渡せ」と抗議に行ったため、卒業証書だけもらって社会に放り出された。義務教育は終わったが、これからどう生きていけばいいのかなんて、わからなかった。

母親は高校に進ませる気はなく、「義務教育は終わったんだから。家から出ていけ」と言った。こんな街には、もういたくないという気持ちでいっぱいになった。

上野公園で寝泊まりした日々

一週間後、宮本さんは母親の財布から三万円を盗むと、新幹線に飛び乗って上野に向かった。一五歳のときのことだ。その頃、新幹線はまだ上野止まりだった。

そのまま上野にあるハローワークに向かった。仕事を見つけるときは、ハローワークだという知識は持っていた。

東京ではしばらくの間、上野公園で寝泊まりした。当時は、ホームレスに対する取り締まりはきつくなく、一方でネットカフェがまだない時代だった。

当時の宮本さんは、中学を卒業したばかりの年頃だったこともあって、街を歩いていると、四六時中、警察官から職務質問された。ただ、補導されそうになるたびに、「中学を卒業して、仕事を探しに来ていますから……」と言えば、職務質問から逃れることができた。身元照会されても、実家から捜索願も家出の届けも出ていなかったので、何とか助かった形だ。

宮本さんは、ハローワークで「学卒じゃないと、ほとんど仕事がないよ」と言われた。つまり、企業側は、卒業前に青田買いをしているから、あらかじめ内定者が決まってしまっている。学校を卒業している場合、新卒ではなく中途扱いになるルールだった。

その後、ハローワークで紹介されたのが、住み込み付きの仕事だった。一週間くらいの短期の仕事だった。

ただ、仕事で引っかかるのは、ろくでもない内容のものばかりだった。「お兄ちゃん、仕事探しに来てる?」と、手配師が声をかけてくるのだ。でも、連れて行かれるのは、とんでもない仕事現場だった。給料もピンハネされていた。

結局、アルバイトを探す雑誌の記事で見つけた、住み込み付きの新聞配達の仕事に就いた。

こうして宮本さんは一七歳になったとき、ようやく住民票を故郷の実家から移すことができた。すると、母親が突然、宮本さんを雇ってくれた新聞販売店にやってきた。

「私の息子だから、返してくれ!」

母親が自ら、息子を追い出しておきながら、突然の言い草だった。

しかし、親からそう言われれば、店主は一〇代の未成年を返さざるを得ない。

「お母さんは、こう言っているけど……」

店主がそう困惑するものの、宮本さんは「絶対に帰りたくない!」と拒んだ。

「私は、あなたのことを心配しているから迎えに来たんだ。東京に出てきたんだから、一緒に住もうよ」

そう呼びかける母親は、すでに都内でアパートを借りて住んでいた。

こうして宮本さんは、せっかく見つけた販売店を辞めざるを得なくなり、母親のアパートに連れて行かれた。

「私を養ってくれないか」

母親は、宮本さんに向かって、そう懇願した。

宮本さんは、再びハローワークに通い始めた。そして、製造業の仕事を見つけた。仕事の内容は、金属に穴を開けるだけの単純作業だった。収入は、月給一一万円ほどだ。母親は、収入の不足分を児童扶養手当の支給で家賃などに補った。手当はまだ二年間受けられる。

しかし、母親は仕事をしようともせずに、相変わらずパチンコにのめり込んだ。そして、お酒を飲んで帰宅してくる。その飲み代まで、宮本さんが支払わされた。

当然のことながら、家計は、一カ月の収入で回るはずがなく、宮本さんは会社から給料を前借りするしかなかった。

このままでは、母親に食いつぶされていくようなものだった。毎月、給料の明細を見ても、引かれる額が多くて、働いたという実感は持てない。

生活保護受給者

周りの同世代の人たちは、みな、高校や大学に進学していく。しかし、自分は定時制の学校に行くことさえできず、ますます孤立感が深まった。

そんな我慢の日々は、六年ほど続いた。宮本さんは何とか踏みとどまってきたものの、ついに心が折れる日がやってくる。給料が支給された日、宮本さんはこっそり会社を辞め、夜、母親を残して、身ひとつでアパートから逃げ出した。二三歳のときのことだ。

行き先は、浅草や新宿だった。

まだ、ネットカフェはできていなかった。しかし、山谷の日雇い労働者が多く生活するエリアに行くと、一泊千数百円くらいで宿泊できた。そこから日雇いの仕事を転々とするようになった。

仕事の内容は、主に工場内のライン作業だ。宿泊できる寮の付いているような派遣先を探した。寮がないときは、お金に余裕があればカプセルホテルやサウナに宿泊、お金がなければ野宿した。

当時、宮本さんが野宿していたところは、新宿西口や新宿中央公園一帯だ。ひとりぼっちで、どんなにつらくても、故郷に帰ることはできなかった。

「その頃から、メンタルを相当やられていたんでしょうね。その影響もあって、二〇歳くらいから酒を飲むようになっていました」

そんな宮本さんが飲むときは、いつもひとり。当時は残業する分だけ実入りもあったので、居酒屋で飲むことが多かった。

宮本さんにとって、心の拠《よ》り所《どころ》はどこにもなかった。あえて言えば、「お金」だけが、辛うじて自分のレーゾンデートルを支えていた。

職場では、機械に向かって黙々と作業する。ただロボットが操作するような日々だった。同僚とコミュニケーションをとる機会などまったくなかった。

二〇〇八年、宮本さんはリーマンショックの影響で会社から派遣切りに遭い、契約更新されなかった。会社を辞めた当初は、次の仕事を探し続けた。その間、ネットカフェを転々とした。それまでの人間関係は、すべて遮断された。

しかし、仕事はどうしても見つからない。ついに困ってしまって支援団体を訪ねた。支援団体で、宮本さんは生活保護を勧められ、アパートの手配もしてくれた。そこの団体の紹介する協力家主が「後払いをする」という条件で、保証人代行システムを使った。生活保護の受給が、部屋を借りるための条件だった。

人生をリセットしたくても、仕事に就いていなければ、新しい環境で生き直すために必要な住まいを確保できないという壁が立ちふさがる。宮本さんのように、生活保護の受給者になれば、部屋を借りることができる。ただ、生活保護に頼らずに生きていきたいと思っている人たちにとっては、実家に戻らざるを得ない状況に追い込まれ、親元で身動きが取れないまま年老いていくのが現実だ。

とはいえ、生活保護という福祉のお世話にならざるを得なかった宮本さんは、働くことが前提の世代だったこともあって、福祉事務所のケースワーカーによる「就労しろ」圧力は凄かった。結局、宮本さんはケースワーカーから逃げ出すようにして、就労先を見つけて引っ越した。見つかったのは、配管をつくる仕事だった。

宮本さんは、会社の勧めで、URの賃貸住宅を借りた。ただ、すでにメンタルをやられていたため、仕事は長続きしなかった。対人関係をきっかけに疎外感を抱き、三カ月ほどで辞めることになった。しかし、URの賃貸住宅は、ひとたび入居さえすれば、結果的に、そのまま住み続けることができた。

毒親の連鎖を断ち切る

宮本さんの現在の生活は、朝起きて、ご飯を食べる日々。ネットをやって、時々買い物に出かける。社会との接点はまったくない。

結婚をしたいとか、子どもをつくりたいという気持ちはなかったし、考えたこともなかった。母親のだらしなさを見てきたからだ。

「いわゆる毒親だったんです。だから、この連鎖は、私で断ち切らなければならない」

宮本さんは、そう強調する。

唯一の楽しみは、わずかな給付金をやりくりして、二カ月に一度、ひとりで旅行に出かけることだ。駅に着いたら、市街地の周りをウロウロと散策する。とはいえ、出会いはない。

宮本さんは、生まれ育った街の面影をただ追いかけているだけなのかもしれない。その瞬間だけ、日常の生活を忘れることができるからだ。

URの巨大な団地は、狭い空間だ。ネットだけ見ていても、凡庸なだけで楽しくはない。部屋にいると誰もいない。寂しさを紛らわせることができるのは、お酒しかなくなる。だから毎日飲まないと、気が済まないという。

宮本さんは今も、通院している。薬は八年間分も処方されているものの、容体は一向によくならない。

医師から勧められるデイケアは〝大人の幼稚園〟のように感じられて、行きたいとは思わなかった。学校と同じように、手芸などのカリキュラムが組まれている。でも、自分で考えることはせず、就労にはおよそ結びつきそうにない。自然と通院から足が遠のいた。

「しっかりした家庭環境で育って、守るべきところで親が守らないと、子どもにしわ寄せが行くんです。こうして私も、いわゆる〝健常者〟ではなくなってしまって、この歳になると、いざ再就職しようと思っても、現実には就職なんてできない。今から頑張っても、年金も受けられそうもない。この先、長く生きても、福祉に頼ることはできない。生活保護以外、今の自分には、もう何もないんだなって……」

四五歳になり、今、老後の問題に直面している。親のだらしなさにさんざん振り回され、他人とのつながりもまったくなくなった。これから先、自分の身に何かあっても、孤独死しかない。その孤独感が、とてもつらいと、宮本さんは嘆息する。

「働けるものなら、もう一度働きたい……」

今も、そう思い描いているものの、自分には積み重ねてきたものが何もなかったことに気づかされる。

そんな宮本さんに付けられた診断名は、医療機関を変えるごとに、「パーソナリティー障害」とか「発達障害」とか「躁《そう》うつ病」など、ころころと変わった。正直言って、宮本さんには働くことを阻む自分の症状が何なのか、今でもわからないし、もうどうでもいいとさえ思う。

母親は、今も生きていれば、六七歳になる。それでも、宮本さんは母親のことを考えない日はない。今後、何かあったとき、いずれ何らかの形で関わりを持たなければならなくなるときがくるだろう。でも、宮本さんは、母親の遺骨も含めて、一切を引き取る気はない。

高齢者向けには、孤立防止の窓口がいくつもある。しかし、宮本さんのような三〇代～五〇代の稼働世代に対する包括的なアフターフォローの仕組みがほとんどない。高度経済成長の頃に設計された構造が、もはや今の時代の価値観と根本的にかみ合わなくなっている。

「親に依存して生きていくか、私のように親に頼れるものがない人間は、生保を受けてひっそり生きていくしかない」

そう話す宮本さんが怖がっているのは、民生委員に個人情報をつかまれることだ。特に団地のコミュニティには古くからの住民が多いため、宮本さんは自分の情報を知られないように、息を潜めるようにして生きている。

宮本さんは、ここまで頑張ってきたものの、どうにも人生を立て直すことができなかった。人間誰しもそうだが、頑張り過ぎてしまうと、心が折れてしまう。

「稼働年齢層に対する、アウトリーチも考えてほしい」

宮本さんは、そう切に願う。

一口に「遮断」といっても、健常者なのかどうかの境界線がはっきりとわからない中で、世の中には、持てる者と持たざる者がいる。ただ、はっきりとしていることは、持てる者かどうかの立場や状況にかかわらず、宮本さんのように、社会に関わりたいという思いは変わらない人がいるということなのかもしれない。

第五章　高学歴女子の転落

公務員の「非常勤いじめ」

ローカル線を乗り継いでたどり着いた山間の麓に拓けた町の駅で待ち合わせしたのは、地方都市の市役所などで非常勤を長く経験してきた四〇代の濱口郁子（仮名）さん。二〇一六年春、木曜日の午後六時だというのに、駅のロータリーには、ほとんど人影が見えない。

私たちは、駅のすぐ近くにあったカラオケボックスに入ったものの、店内も閑散としている。

濱口さんは、都内の大学を卒業し、いったん海外に留学した後、この町にUターンしてきた。しかし、語学を活かした仕事を探してもなかなか見つからず、今に至るまで非正規の職場を転々としている。

私の世代は就職氷河期で、今40代ですが、地元に戻った10～15年前は、まず最初に親にも30過ぎているのだから仕事はなかなかみつからないだろうといわれて、家にいても親が恥ずかしいというので、たまたま募集していた語学をいかせる非常勤の職をハローワークから（中略）聞いたので、受けたら受かり、ちゃんとした仕事が見つかるまでと思って始めましたが、待遇がひどかったです。だいたい、そういった語学を活かせる仕事自体が（なく）、今ほとんど田舎では非常勤の仕事しかありません。

そんな地方での待遇の実情を濱口さんが訴えてきたのは、二〇一五年一一月のことだった。待遇というのは、お金だけでなく、人として、より問題があると指摘する。

上司がウツで休職し、一度も会わないままいなくなり、年下の正職員の同僚は新しい部署の正式な名前（長くて複雑ではじめよくわからなかった）を聞いても、ろくに教えてくれなかったし、仕事はできても、非常勤にはさせられないとして何もさせてもらえませんでした。そういった待遇に不満を持っているうちに、いろいろなことが起こり、いじめのような目に遭いました。

市役所では、プロジェクトメンバーに抜擢《ばってき》されて頑張っていたが、仲がよいと思っていた同僚にも裏切られた。そんな濱口さんは「経験値を積み、キャリアにしたいと思っていたのに、三〇代を無駄にしてしまった」と明かす。

地元は本当に田舎で、土日休みの会社なんてないうえに、普通の事務職だとその非常勤の給与と変わらないくらいなので、甘んじてしまいましたが、今本当に大切な30代を無駄にしたと後悔しています。
仕事をせずに家にいると両親に疎んじられるし、車が家に停まっていると娘さん働いてないのかと思われるといわれ、家にも居づらいと思い、休職中は、車を近所の公民館の駐車場に停めに行くこともありました。

仕事がないなら、やはり非常勤職員とわかっていてもあるだけましと思い、応募します。女性にとっては結婚後とか考えるので、土日休みは働きやすいということもあります。

しかも公務員の職場だから、非人間的なことはされないだろうと思っていましたが、現実には能力があると逆にいじめのようなことが多かったです。正職員でもないのに……といった感情なのでしょうか。そのうちに何年も経って取り返しがつかないことになります。

ただ安い労働力を得たいだけでこのように人を使い捨てにする社会に大きな疑問を感じます。政府はただ、失業率が下がったといっても、非正規雇用を使っての数字のトリックにすぎません。

Uターンが悲劇の始まりに

濱口さんは、地元の高校を卒業した後、大学では経済学部に進学し、東京に出て就職した。

「できれば東京にいたかった」と、濱口さんは話す。仕事をしながら、多様なスクールに通うことができる。勉強したいことがたくさんあった。しかし、「帰ってこい」と言われて、泣く泣くUターンせざるを得なかった。

濱口さんが東京にいたのは、四～五年くらい。何となく憧れで入った業界紙の会社で対人恐怖症に陥り、どうしても仕事を続けることができなかった。東京で電車に乗っていて、思わず涙が出てきた。

濱口さんは、フランスとカナダに留学していたことがある。語学を勉強すれば、プラスになるかもしれない。留学したのは、そんなきっかけだった。

フランス語は帰ってきても使えない。そこで、英語とフランス語をマスターするために、カナダに渡った。

濱口さんは帰国後、故郷の地域で仕事を探した。しかし、郷里に戻ってみると、地方の都市では非常勤以外の仕事がほとんどなかった。

学んだことをもっと活かしたいと思っても、なかなかかみ合わない。社会に出てからも努力し続けているということを、どうにかアピールしないと厳しかった。

「履歴書の書き方も大きいと思うんです。自分が何をしてきたか、どういう考えで何を重視してきたのか、自分に何ができるのか、向上するために何かをしているんだとアピールすれば、わかる人には伝わります」

現実は、資格が要るとか要らないとかではなくて、勉強する姿勢があるところを評価される。

「どの国へ行っても、結局、人を苦しめているのは、経済の問題なんだと思ったんです」

とにかく働かなければ、実家には、自分の居場所がなかった。「どこでもいいから働かないと……」と思って、濱口さんは非正規に手を出してしまった。それが悲劇の始まりとなり、負の連鎖に陥っていく。

日本には、ALT（外国語指導助手）がたくさんいる。濱口さんのように、たとえ語学を身につけたとしても、仕事はALTの人たちに奪われていく。

「アメリカの失業政策に、日本の政府が加担しているのではないか」

濱口さんは、つい疑いたくもなる。

「彼らは、日本で語学を勉強して、日本語が上手くなって帰国すると、現地で日本語の通訳になれる。向こうはウィンウィンの関係なのに、こっちは逆ですよね。自分でお金を払って留学しても、帰国した後、海外で学んだ語学を活かした仕事は何もない」

個人で海外に留学していただけでは、そのキャリアを活かせる時代ではないと、濱口さんは帰国子女が直面する現実を語る。

彼女が望んでいたような仕事は、ＡＬＴとの競争になってしまい、ネイティブレベルでなければ話にならない。濱口さんも、もう少しできるのかなと思っていたが、ボランティアでもない限り、本当に自分が必要とされているわけではなかった。

濱口さんは、ハローワークに通って仕事を探してみたものの、なかなかヒットしない。どうやって探せばいいのかも、わからなかった。

「やはり都会へ行かなければ、仕事はないのかなと思ったんです。日本では、家の事情で故郷に帰る人は多いと思うんですけど……」

年老いた親のそばにいてあげたいからと、親の介護などのために都会で勤めていた企業を辞め、地方にＵターンした人たちが、なかなか仕事がなくて社会に戻れなくなり、実家で息を潜めて生活せざるを得なくなる。農林水産業などの第一次産業が衰退し、商店街がシャッター化した地方での厳しい雇用環境に直面する人たちから、悲痛な声が数多く筆者の元には寄せられてくる。

対岸で起きている話ではない。「遮断」への入り口は、今の世の中の至る所に存在している。

「専門職」という甘い罠《わな》

濱口さんもまた、人とのつながりを遮断するボリューム層である団塊ジュニア世代だった。超就職氷河期に社会に出ざるを得なかった彼らは、「失われた二〇年」の世代と言われてきた。

濱口さんは、「派遣」という働き方を聞いたとき、もっといい方向に動くのかと思っていた。派遣労働のイメージも、当初から大きく変わった。

派遣労働を説明する言葉として、「専門職」というキャッチコピーが躍っていた。正社員だった人たちは、当時、それが新しい働き方であるかのように惑わされ、切り崩されていった。

「実際には、圧倒的に立場が弱く、不安定な雇用環境なのに、逆のイメージにもっていく。人はメディアに踊らされる」

濱口さんには、そう感じられる。

九〇年代、日経連は「ゆとり教育」の元になる政策を打ち出した。一部の正規エリートと、専門職集団や単純労働者からなる大多数の非正規雇用に労働者を分けようという方針だ。

「まさか、こんなひどい事態になるとは思っていなかった」

濱口さんは、そう憤りを感じている。

それでいて、団塊の世代をボリューム層とする親世代は、高度経済成長期からバブル期の頃まで、終身雇用制度の下、家族のような会社に所属し、頑張って働けば、生涯の生活が保証された。闘ってポジションを勝ち取ってきた世代であり、子どもには苦労させたくないという思いもあって、生活の安定が保証された「正社員」になることを強要する。

いったん、レールから外れると、新たに安定した職場の正社員に就くのはほぼ不可能に近く、ズレた価値観の中で、親の期待を内在化させた子どもは身動きが取れなくなる。

時間外労働の規制や同一労働同一賃金などを設ける「働き方改革」は、実際どうなのか。言葉の響きはいいものの、基本的には大手の企業に所属できた従業員を除いて状況は変わらないのではないか。筆者は、今の日本の社会に必要なのは、むしろ「休み方改革」なのではないかと思う。

「切り崩すときは、違う方向にイメージさせておいて、その後に起こる実態を把握させない。メディアはプロパガンダだから信用できないことを、欧米の人たちは知っているのです」

濱口さんは、自分も含め、日本人はそういう意識を持っていないように感じるという。

「実際に起こっていることは、プロパガンダ的な情報が発信されているということ。自分も、そのプロパガンダ情報に踊らされたひとりだった。後になれば気がつくけど、時代の流れの中にいるときはわからない」

労働者派遣法が改正され、派遣会社が労働者を他の企業に派遣して会社の業務をさせることのできる派遣適用対象業務が二六業務に拡大されたのは、一九九六年のことだ。その三年後には、派遣業種が原則自由化され、二六業務以外にも拡大された。

当時の濱口さんは、東京にいて、業界紙で社員記者をしていた。しかし、濱口さんは、どうしても田舎に帰ってくることが念頭にあった。その頃は、「派遣のほうがスキルを付けられる」という政策が謳《うた》われていたこともある。でも、ライターの仕事は、ワードくらいしか使わない。これでは「田舎に帰っても、仕事はないだろう」と思って焦った。

濱口さんは、取材も得意なわけではなく、挫折を感じていたという。このまま続けていても、将来どうなるんだろうという不安があった。

「一般の仕事のスキルを付けて、事務でも何でもいいから、田舎に帰ってからでも、できる仕事がないといけないなと思っていた。今から振り返れば、そのときの政策に振り回され、時代に踊らされたタイプだと認識している。スキルがあれば、何かしらの仕事に就けるだろうと信じ込んでいたんです」

現実は、そう甘くはなかった。濱口さんが考えていたようなパソコンなどのスキルは、誰でも持っていることに気づかなかった。

時代も当時から大きく変わった。今は逆に、アナログのできる人のほうが残っていける。デジタル化したものは、いくらでも効率化できてしまう。仕事のポジションも居場所も、どんどんなくなっていく。

「これからは、ローカリズムに沿った仕事でなければ、残っていかないだろう」

そもそも濱口さんは、パソコンでアメリカの大学などの通信講座や英語の情報を得られるようになるだろうと考えていた。デジタル化したものを目指さなければいけない。「時代はこっちなんだ」と思っていた。

大手メーカーでも派遣の仕事をした経験がある。大手であれば、中小の正社員で働くよりもいいものだと思っていた。ところが、故郷に帰ってきたとき、思うような仕事はなかった。

何よりも、濱口さんは、給料の差が歴然としていて驚いた。これから先、やっていけるのだろうかという不安も感じた。

仕事ができるという悲劇

濱口さんがどんなに努力しても、就業のミスマッチが多かった。なかなか就職が決まらないと、土日の休みがないような仕事に就かざるを得なくなる。給料ラインも、中小企業の事務系とほぼ変わらないような待遇だ。

濱口さんは、中小の事務で働きながら、希望する会社を探そうと思ったこともあった。でも、そういう状況になれば、どうしても気が緩む。

「政府は、職種が一緒であれば、同じ給料で……という話をしていますが、そうなると高い給料を払わなければいけなくなるので同じ仕事をさせられない。雑用のようなことしかさせられないって、裏を返すように言われてしまいました。私は、ここで一生、こういう仕事を続けていきたいわけではないから、スキルアップでもできればいいなあと思って仕事をしている。でも、キャリアアップしそうな仕事をいったん任されたのに、キャンセルされたこともありました」

濱口さんは、そう振り返る。

特に公務員の非正規は、ただの名目的な失業率の改善の数字を上げるためには役立っているかもしれないが、そこでスキルアップできるような仕組みにはなっていないという。

地方では、給料が低いうえに、土日の休みがない。一度入ってしまうと、非常勤は年一回更新されていく。満期は五年で、濱口さんも五年にわたって勤めてしまった。

「もう少し必死に探せば、もっといい仕事があるのかもしれない。でも、そうしているうちに、どんどん歳を取ってくる」

公務員の場合、非正規と正規職員では大きな差がある。非常勤は、ボーナスが出なかった。給料は月額一〇万円あまり。しかし、会費などは均等に徴収され、ほぼ同じ仕事をしている。

一方で、上司は非常勤職員を守ってくれない。

濱口さんも、重大なミスをしたことがあった。上司が守ってくれないと、どうにもフォローできない案件だった。

横の部署の上司同士が話し合って、すぐに対処してもらえば、すんなり解決できることでも、上司から「自分で行きなさい」と言われた。しかし、非常勤が行ったところで、話を通してくれない。結局、解決が遅れて大事になった。そのことが、市役所を辞める原因にもなった。

濱口さんは公務員時代、すごく仕事を頑張ると、なぜかいじめられた。周囲のゆっくりしたペースに比べて、自分だけ、パソコンを打つのが速かったからだ。

しかし、仕事が速いことをホメられるどころか、風当たりは強くなる。ペースがゆっくりな人は、人当たりもよかったから、かわいがられる。そんな経験から、役人たちは、がむしゃらに働く人が、実は好きではないのではないかとさえ思った。

濱口さんは「事務用に」と思って買ったベージュのカーディガンをよく着ていた。すると、「それって、遊びに行く格好？」などと嫌みを言われる。弱者の立場に立つべき公的な機関の専門職の人が、弱者の悪口を言う神経には驚かされた。

濱口さんは、おべっかを使うことが苦手だった。それゆえに、何か少しでも問題があると、大げさに責められる。こうしてストレスがたまっていけば、ミスも起きやすくなる。役所では、いつもテンパっていた。ちょっとミスすると、アウトになる世界だった。しかも、周囲は上司も含めて誰も助けてくれない。職場で孤立していた。

仕事をすればするほど、だんだんとミスするのが怖くなっていく。毎日、神様にお祈りして、仕事に臨む。濱口さんの神経は、すり減ってボロボロになった。

市役所内のセクハラ

濱口さんのケースは、がむしゃらに仕事をすればするほど孤立していって、職場でつらい状況に追い込まれるというパターンだ。「頑張り過ぎる」と叩かれるというのは、この国が、目立つ人、突出した人を嫌い、みなが同じ歩調でいることを強いる〝横並び社会〟であることの証左だ。自分と違う価値観や変わった人たちが排除され、集団の〝フツー〟の中に溶け込んでいるほうが安心を得られる。濱口さんも、意識的にゆったりとして、がむしゃらに仕事をしないほうが、周囲の風当たりも柔らかいように感じた。

「私も気の強いところがあるからなのか、弱気になっている人のことは助けてあげたい。逆に、気が強い人に対してはやっつけてやりたい、みたいな心理になるんですね。でも、私自身は、誰からも助けてもらえなかったことが、何よりもショックでした」

濱口さんは、そうつぶやく。

市役所にいたとき、職場で公務中に、婚活イベントのパンフレットに載っていた一般女性の写真を見て、男性職員たちが「この子、かわいいね」などと品評会をしていた。本人たちが知らないのをいいことに、品のないやりとりをする様は、とても公務員の世界とは思えなかった。

それどころか、未婚の女性職員に向かって「あなたが（婚活イベントに）出たら、この子のお母さん（の年代）だね」などとセクハラ発言。このご時世に、そんなセクハラの認識も理解できていないような鈍感さにも呆《あき》れ果て、彼女自身もかなり傷ついた。

さらに、濱口さんが何よりも苦痛だったのは、仕事がないのに採用され続けていたことだという。何もすることがないのに職場にいることは、とても耐えがたかった。

何をしていればいいのかわからないまま、時間が過ぎるのを待つ。指示も何もない。指示があっても、「何もしなくていいよ」と言われる。濱口さんは、生きている価値を否定されているような感覚に襲われた。

そんなひどい状況であっても、「政治的な約束」を実行するために、その後も非正規は、採用され続けた。

そもそも濱口さんは、失業対策のために雇われているから仕事がない。仕事を与えられないけど、自分も何かしなければと思っていた。雇わなければいけないことになっているから、給料も支払われる。

同僚の中には、「仕事しないなら、私、行かない」と言って辞めてしまった人たちもいた。とにかく仕事がなかった。

一方で、残業するほど忙しくしている部署もあった。しかし、職場側は、同一賃金を払わなければならなくなるため、非正規には仕事をさせようとしない。「働き方改革」が言葉の響きだけで骨抜きになるのではないかと懸念されるのは、まさにこの点である。当初、もらっていた仕事も、途中から来なくなることもあった。

失業率の数字を下げるといっても、構造的な面での「からくり」に過ぎない。仕事がないために、スキルを付けないまま歳を取っていく。すると、求人欄で足を切られて応募ができなくなるという、負のループにハマっていく。

濱口さんは、役所を辞めた後、就職活動して、今の会社の正社員に就いた。

「持ち家」という重荷

濱口さんの実家は、持ち家だった。親は「婿さんも、家がきれいでなければ、来てくれないだろう」と土地を変えてまで家を建てた。だから、濱口さんは故郷に帰らざるを得なかった。

しかし、親からのプレゼントのはずが、本人にはプレッシャーに感じる。結婚もせず、非正規で働いていたこと自体、肩身の狭さを感じる。多くの親がそうであるように、濱口さんの親も、非正規を仕事のうちに入れていなかった。

「正規になれる人はいるんだから、正規になれないということは、何か問題があるんだよ」

というのが、親の考え方だった。

濱口さんの父親は、公務員だった。

ひきこもる人たちの親の職業は、公務員や教師の仕事をしていることが多い。どのような因果関係があるのかないのか、検証してみたら面白そうだ。

親をはねのけるだけの自分の意志が弱かったと、濱口さんは考える。ひとりっこだから、なおさらだ。

親を幸せにできるのは、自分ひとりしかいない。ふがいない娘だと思っているだろうと考えると、どうしても罪悪感に苛《さいな》まれる。

結婚したくないわけではない。ただ、毎日、夫のためにご飯をつくれるのか、隣で夫が寝ていることをどう思うのか、などの条件がクリアできないと、一緒に暮らすのは無理そうだ。相手次第の人生になるのは怖い、などと考えてしまう。

「男の人は、女性を助けることに喜びを感じる」と、濱口さんは言う。でも、女性からしてみれば、助けられると自分が成長できなくなり、どんどんダメになっていく。自力で努力しようとすると、「かわいげがない」と言われそうだ。そうやって考えていくうちに、どんどん負のスパイラルに入っていく。

石の上にも三年と言われる。でも、「入った会社がブラックな環境だったら、すぐに辞めたほうがいい」と、濱口さんは断言する。

「嫌なことを我慢し続けた先に、いったい何があるのか？」

そう疑問に思うからだ。

自分が頑張れるのは、やはり好きなことだからという部分が大きい。オールマイティーに「こっちの方向もやってほしい」と言われてしまうと、好きではなくても乗せられてしまい、流される。そのことに気づくのが遅くなっても、方向転換できるキャリアを持っている人ならまだいい。でも、世の中、そんな器用な人ばかりではない。

「みんな、そうやって食べているんだから」と説得されると、何となくそんなものなのかなあという「仕方がなかったかもしれない」症候群に襲われる。でも、いったい自分はどこに向かっているのか、そのことに気づくことが大事だと、濱口さんは思っている。

日本は、二〇〇〇年代になっても、なぜグローバリゼーションを拡大していったのか。ヨーロッパではすでに、ローカリゼーションのほうが注目されている。グローバリゼーションとは「搾取」ではないか。濱口さんは言う。

「みんな、イメージ戦略に乗せられて、そのことをわかっていないように思うんです」

政府は「一億総活躍社会」というキャッチフレーズのもと、「女性も活躍できる社会」という耳当たりのいい言葉ばかりを使った。しかし、「女性の活躍」という言葉の響きはいいものの、実態はどこまで幸せなのだろうかと、濱口さんは首を傾げる。

「親子の愛」という幻想

今後のライフプランを考え、濱口さんは最近、がん保険に入った。親も、「がん保険に入ったってね、誰に財産を残すわけでもないし……」と、諦め顔だ。

ひとりっこで結婚しないと、保証人のいない保証人問題が大きくなる。連帯保証人は、通常、家族でなければなることはない。

家を借りようとしたり、何かしようとしたりしたときに、保証人がいなければ、社会的に重要なことは何もできない。保証人問題は、乗り越えられない壁のように立ちはだかり、自立の一歩が踏み出せないのだ。

子どもの頃、親に言われたのは、「子どもは親の面倒を見る義務がある」だったという。扶養義務を盾にされると、実質的に今の制度のもとでは、子どもは親を扶養せざるを得ない。子どもは、精神的に親から離れたくても、条件が整わずに自立できにくくなる構造がある。

お墓を誰が守るのか、という問題もある。実家の墓は先祖代々ではなく、夫婦にひとつずつ墓を建てるのが伝統だった。親からは「自分が死んだら墓を建ててくれ」と、お願いされている。

濱口さん自身は、死んだら灰にして海に流してくれればいいと思っている。でも、親の世代は、墓を守ってくれなければ悲しむ。無縁仏になるのが、悲しいらしい。

団塊の世代と団塊ジュニアの価値観の違い。会社や地域がファミリーのような時代に生きてきた団塊の世代は時代設計が違うのだから、違いがあるのは当然といえば当然なのかもしれない。

筆者の両親も、墓のことを気にしていた。でも、先に母が亡くなったとき、檀家《だんか》だった寺の流儀に従って盛大に執り行ったところ、アルバイトで派遣されてきたらしい若い住職に一時間半にわたって説教された結果、せっかく訪れてくれたたくさんの弔問客に挨拶することもできなかった。寺の重視する儀式は、母の思いとは大きくかけ離れていたような気がした。母は、これで本当に幸せだったのか。

その反省もあって、翌年、追いかけるように父が亡くなったときには、通夜も葬式も簡潔に済ませた。寺を通さずに、直接、納骨したので、コストも母のときと比べて一〇分の一以下で済んだ。

死んでしまったら、何でも一緒だなと思う。相手の価値観に合わせないと、罪悪感に襲われる。でも、そんな余裕のない世の中になってきたともいえる。今を生きる人たちが、生きていくことに精一杯だからだ。

「自分の遺伝子だから、かわいい」という言葉には、エゴしか感じられない。子どもができると、「本能的な無条件の愛」が生まれると言われている。でも、濱口さんはこう言う。

「親を見ていると、子どもだからかわいいと言っている気がして、私じゃなくてもよかった気がする。そこに、パーソナリティー的なものを感じて愛と言っているのか、子どもへの愛は自己愛から来るものなのか、私にはわからないんです」

人との遮断は、洪水のような大きく速い流れの中で、本来、大事にしなければいけなかったものを見失いかねない。だから、今という時代を生きる人たちは、言葉の響きや他人との比較、評価を気にするのではなく、身近な大切にするべきものに向き合い、本質を見極めることが求められている。

第六章　Uターン転職

山間の町で

とめどなく長い山道を走っていく。雪の季節になると、上り下りの坂道がつらい。毎日、職場に通勤するための往復三時間の運転中は、時々、軽トラックが対向車線をすれ違うくらいで、いつもひとりきりだ。

そんな毎日が孤独な環境の中にいる当時四〇代の楠本俊一さん（仮名）に会ったのは、二〇一六年三月三〇日、山間の盆地にある地方の町だった。

楠本さんは、筆者の待つ盆地の町の駅に、仕事に使っている車で迎えに来てくれた。しかし、駅の近辺には静かに話を聞けるような店もなく、国道沿いのショッピングセンターの屋上にある駐車場に車を停め、車内で話を聞くことになった。

筆者は、薄暗い階段わきの自動販売機でホットの缶コーヒーをふたつ買い、運転席で待つ楠本さんに手渡した。車のフロントガラスからは、山の中腹に、冷たい渡り風に花のつぼみをまだ固くしている桜の並木と、ほんのりと橙色《だいだいいろ》をした提灯《ちょうちん》の灯《あか》りが揺ら揺らと見える。

「もうすぐ桜祭りの季節なんですよ」

楠本さんは、運転席で温かな缶コーヒーを開けながら、そう言って山のほうに目をやった。

元々、故郷を離れて大手メーカーに勤務していた楠本さんは、当時、ボーナスが年に四回支給されるほど、羽振りのいい生活を送っていた。

入社してから一〇年あまり経つと、会社の業績が一気に悪化した。そのため、当時の地元に帰ろうというUターンの流れに乗って、楠本さんも早期希望退職に手を挙げる。

ところが、いざ故郷に帰ってみると、正社員の仕事はなく、求人があるのは、賃金の安い不安定な仕事ばかり。仕方なく楠本さんは、派遣として工場などで働いたものの、たびたび派遣切りに遭った。

「正社員になりたくても、書類審査すら通らない」

そうこぼす楠本さんは、今は実家に住み、アルバイトで運転手をして生活する。月収は総支給額で一三万円。雇用保険も厚生年金も健康保険もない。

「田舎でもいい給料をもらっている人がいて格差がある。それが長く続くと、諦めに変わってくるんです」

そう話すと、ふっと、ため息をついた。

独身の楠本さんは、実家で兄夫婦に同居させてもらっている。だから、居心地はとても悪いという。

睡眠時間を削る運転手

楠本さんが故郷にUターンすることを決めたのは、それまで勤めてきた大手企業で希望退職を募ったことと、年老いた両親が心配だったため、近くにいようと判断したからだ。

しかし、それは甘い考えだったことに、今になって気づかされる。郷里での就職については、探せば何かしら仕事があるだろうと思っていた。

楠本さんによれば、昨年の一年間、フルに働いて、年収一八〇万円弱。その前年にいたっては、一カ月何もしなかった時間もあって、年収一二〇万円くらいだった。

一方、中学、高校時代の同級生だった役場に勤める職員は、楠本さんの倍以上の収入をもらっていて、新築の家を建てていた。

楠本さんは、中学、高校時代、野球部だった。ポジションは主に投手。高校を出て大手メーカーにいた頃は、地元の同級生と集まって、たまに野球もしていた。

しかし、仕事を転々とするようになってから、楠本さんは声をかけられなくなった。田舎の町だから、すぐに噂は広がっていく。

楠本さんは、学校時代の同窓会には一切出たことがない。同級生に会いたくないから、自然と行きたくなくなるのだ。そのうち、同級生が楠本さんの気持ちを察するからなのか、自然と誰からも、お呼びがかからなくなった。

現在は、小さな建設会社で、社長の運転手をしている。たまたま近所の知人が、楠本さんを拾ってくれたのだ。そのことは、ありがたく思っている。

ただ、楠本さんは、決して会社の戦力ではないと否定する。

「ずっと、今の仕事が続くかといえば、そうは思わない。景気の波を受けやすく、仕事がなくなれば真っ先に切られるのでしょう」

楠本さんは現在、何とか給料をもらえている。ただ、公務員のように、最後まで安心が保証されているわけではない。

先述のように、楠本さんの今の仕事の月額は一三万円ほどだという。

「高校生のアルバイトみたいなものですよ」

楠本さんは、そう自虐的に笑う。

楠本さんが車を運転して、自宅から職場に通うだけで、片道一時間半はかかる。しかもそれは、地方の山間部の道のりなので、時速八〇キロくらいで飛ばしたうえでの所要時間だ。峠付近には、冬季、雪が積もっていることもある。

毎朝、七時過ぎに自宅を出て、九時前に着いて、まず職場を清掃しなければならない。

朝食はとらず、朝起きたら、着替えてすぐに自宅を出る。途中、自動販売機で缶コーヒーを買って、それが朝食代わり。昼食は、コンビニで五〇〇円の弁当を買う。

夕食は、実家で母親が食事をつくってくれる。でも、母親も八〇歳になって、先行きが心配だ。

楠本さんは、この往復のために、睡眠時間を削っている。

「だから、トラックやバスがよく事故を起こしているのを見ていると、運転手の気持ちがよくわかってしまう。自分が気をつけていても、相手の不注意で事故に巻き込まれる危険もあります」

しかも、楠本さんには、休日がない。

運転手の仕事は、ゴールデンウィークに休みが三～四日ある。年間休日は八六日だった。だから、違法ではない。ところが、仕事しないと収入が得られなくなる。だから、まとまった休日ができると、警備の日雇いバイトをしているため、ほとんど休みはなかった。つまり、自分の時間がない。

楠本さんのタバコの本数は一日に二箱。どうしても止《や》められない。貴重なプライベートの時間は、サッカーのオンラインゲームにハマっている。

町民税についても、今年から年間八万円ほど徴収すると言われた。車検代も貯《た》める必要がある。結局、何もできない。そんな楠本さんの生活には、先が見えない。

「税金は絶対に納めないとやられますからね。国民年金も三カ月続けて滞納すると、委託会社からしつこく電話がかかってくる。頑張って一カ月分でも納めれば、しばらく放っておいてくれますけど……」

今の会社は、雇用保険も入っていない。だから、もし仕事を辞めることになったら、失業手当も出ないため、何もなくなる。

楠本さんは会社に、保険に入れてほしいと相談したものの、社長から「それはねえ……」と断わられた。

溶接工の充実した日々

楠本さんは、地元の高校を卒業後、他の県にある大手メーカーに就職した。週休二日制で、ボーナスも年に三回、四回と出ることもあった。忙しかったけど、いい時代だった。

その頃は、車が大好きで、新車なら少し乗っても、それなりの価格で下取りに出して、新たな車を手に入れることができる。一カ月に一度くらいのペースで、車を買い替えていた。夢のような時代だった。

仕事は主に、工場での肉体労働だった。サウナのように暑い場所での溶接工だ。最盛期は深夜まで残業が常だった。職場に野球部が欲しいと言われ、経験者であった楠本さんは、野球にも打ち込んだ。

転落のきっかけは、ちょっとした掛け違いからだ。楠本さんが気づいたときには、社会と大きな溝ができていた。今ではもう、生活リズムが安い給料に慣れてしまっている。

「お金を注《つ》ぎ込みすぎて、そのなれの果てが、この有様ですよ」

お酒が好きで、酒気帯び運転で二回捕まった。以来、お酒はやめた。

振り返ると、その頃からおかしくなった。

注文がなくなって、仕事もなくなり、社員も朝から草むしりをしていた。体を動かすことには違和感はなかった。

ただ、草むしりだけの仕事が、一週間、二週間と続いていく。

「もう終わりだな……」

誰もがそんな予感を浮かべ、不安を口にしだした。

会社は当時、四〇代以上の希望退職を募った。楠本さんはまだ三〇代だったので、そこには入っていなかった。

でも、当時、四〇以上の社員たちはみな、家のローンや子どもの教育費を抱えていて、なかなか応じたがらない。

「おまえらはまだ若い。いいよね。なんぼでもあるから」

先輩社員から、そう言われた。

正直、就労を軽く考えていたところもある。

「探せば、どこかに入れるだろう」

その状況を目の当たりにした三〇前後の同僚たちが、一気に辞めていく結果になった。

楠本さんも、三〇代前半に会社を辞め、運送業界の会社に転職した。年下の上司に使われて、汗ダラダラになりながら仕事する体力勝負の厳しい職場環境だった。

同期で一〇人入った。しかし、その日のうちに五人が辞めていった。

車の買い替えが最優先課題に

メーカーを退職後、別の大手メーカーに派遣されていた二〇一一年、東日本大震災が起きた。

震災の影響によって、派遣の人たちは真っ先に切られてしまう。楠本さんも、震災後、自宅待機を通告され、そのまま一カ月待機していたら、解雇を言い渡された。

「私たちは、生活が苦しかったので、みんなで声を上げました。すると、本社からやってきた担当者は、この間の手切れ金のようなものは出すことを約束したんです。結局、そのメーカー自体、業績がよくなかったらしいんですね」

そんなメーカー時代の同僚とは、ネット上でかすかにつながっている。

世の中には、持つ者と持たざる者がいる。「人並みな生活」って、いったい何なんだろうと楠本さんは考える。

正社員の人たちは、休みはゴルフへ行ったり、普段から趣味の話を楽しそうにしたりしている。持ち家があって、マイカーもある。子どもがいて、受験の心配を真剣にしている。そんなことさえも、今となってはうらやましく見える。

「都会に出て、マンションを購入したとしても、銀行からは、年収くらいしかお金は借りられないじゃないですか。その時点で、私は、そういう家に住む権利すらない。今の仕事がダメになったら……と思うと、ホームレス予備軍です」

住まいは賃貸でもいい。将来、何があるかわからない。

とはいえ、大手メーカー時代の元同僚は、同じ頃、会社を辞めたのに、別の大手企業に就職。それなりの給料をもらい、二〇〇〇万円のマンションを買ったと聞いた。

同じように、楠本さんも就職活動に何度かチャレンジしたものの、自分には道は拓かれなかった。

この歳になると、一時的な出費も増える。親戚の子どもへのお年玉、結婚などのお祝い、香典など、地元で生きている限り、避けては通れない。

「親族だから、つきあわないといけないんです」

そのうえ、これまでずっと乗ってきた車が錆《さ》びてしまって、車検が通らないと言われた。足は欠かせないので、安い中古車を購入した。

新車ではないので、ちょこちょことメンテナンスしていかないと、すぐに調子が悪くなる。

先の計算ができない人生。とにかく車を買い替えなければ、足がなくなる。「少ない給料の中からコツコツ貯めて、税金を払いながら、新しい車を……」と思っている。

職探しの繰り返し

楠本さんは焦っている。自分の将来も、そんなに長くはないだろう。でも、これから先も何十年と働き続けなければ、生きてはいけない。やはり、社会保険や賞与もあるような、しっかりした会社に入りたい。

しかし、そうした会社は大卒で線引きされている。高卒だった楠本さんには、学歴でも年齢面でも線引きされ、資格すらない。

ハローワークへ行くと、「あ、また来たね」と言われて、すっかり常連になった。

「彼らは、お役所仕事なんでね。ハローワーク職員からは、いい加減、ひとつのところで頑張ったらどうですか？って、説教されるんです」

給料面を希望すると、そういう条件の求人はないから、結局、妥協せざるを得ない。しかし、満足などできないから、またいい仕事がないかと探し始める。最初のメーカーを退職してからは、その繰り返しだった。

中年世代は、社会から見捨てられたような感覚がある。

ハローワークに将来のことを相談しても、一切、連絡はない。このままではいけないと思うと、余計に焦る。時間だけが過ぎて、どんどん状況が厳しくなっていく。

歳も歳なので、楠本さんは筆者と会った月にも、二社の面接を受けた。ひとつは、給料が月二〇万円近く、週休二日制の好条件だった。しかし、ひとりの募集枠に四人も集まり、楠本さんはダメだった。

次に受けたのは、産業廃棄物処理業者だ。要条件のフォークリフトの免許があったので、行けるかなと思っていた。しかし、その会社にも、ひとりの枠に五人の求職者が集まった。「仕事を選ばなければ、仕事なんてあるじゃないか」とよく責められる。でも、「本当にそうなのだろうか?」と疑問を感じる。安定した生活なんて、この先もずっと、できそうもない。

楠本さんは、こう話す。

「都会に出るのは、スピードが速いので、自分のスキルが通用するのかどうかの不安がある。今では、体を動かすこともなくなりました」

政府は「雇用の流動化を」と言っている。しかし、現実はそう簡単にはいかない。

高額医療費の重圧

ある朝、目が覚めると、楠本さんは起きられなくなるくらい、腰が痛くなっていた。父親に病院に連れて行ってもらい、ＭＲＩを撮ったら、椎間板に水がなくて、黒く写っていた。

「これは、もう治りませんね」

そう医師から通告され、痛み止めの薬をもらった。

「もう歳なんですかね。若い頃、肉体労働で、無理な姿勢で作業していたこともあって、ある程度、歳が行ってから来ることがあるようですが……」

楠本さんは、そう言って苦笑いする。

楠本さんの兄の娘も役場に就職した。地方でも、役場に勤めている正規の人は潤っている。非正規の人も休みはきちんと取れる。

「大学を卒業したら、勝負になる。でも、今さら私たち中年が大学に入ってもやり直せない。といって、何とかしないと、国の生活保護や障害年金も許してもらえないんです」

楠本さんは、そう言って遠くに目をやる。

一般的に、障害年金を支給してもらうためには、初めて医師の診療を受けた「初診日」が重要になる。初診日のときに、厚生年金加入の会社員であれば、年金を受け取る権利が生まれ、厚生年金分もプラスされる。ところが、非正規または離職後が初診日の場合、初診日のある月の前々月までの国民年金を全期間の三分の二以上納付、または免除されているか、初診日のある月の前々月までの一年間に保険料未納期間がないかのいずれかでないと、加入要件は満たされない。

現在、アルバイト生活中の楠本さんは、これらの要件が満たされないため、障害年金を受け取ることができなかった。

「このまま歳とったら、退職金もないまま、年収一〇〇万円台の生活が、この先もずっと続いていくんです」

世間からは、働き盛りの世代なのだから、働いて当たり前という見方をされる。働くことが前提の世代は、高度経済成長期の「終身雇用」制度を基に枠組みが設計されていて、さまざまな事情でレールから外れると、就労という選択肢以外に、セーフティーネットの制度が用意されていなかった。しかも、バブル崩壊以降、「就労」といっても、その実態は、多くが「正社員」以外の非正規や派遣といった不安定な雇用環境だったのである。

二〇一五年に施行された生活困窮者自立支援制度に基づき、全国の福祉事務所のある自治体に相談窓口が開設され、対象者を年齢などで線引きしない厚労省の就労準備支援事業が市町村に普及し始めたのは、つい最近のことだ。

これまで楠本さんは、転職を繰り返すたび、年下の二〇代の上司に従ってきた。上司が年下になるたびに、神経もプライドも傷つけられていく。

「結婚したかった。でも、もう今は、誰も寄ってこない。結婚するなら若いうち。会社で、しっかり勤めれば、必ず給料がもらえた」

楠本さんは今、働けど働けど、わが身は楽にならず。目の前の公共料金を納めるのに精一杯で、人生にとても心の余裕など持てない。イライラするからタバコの本数ばかり増えて、悪循環になる。自分の収入を伝えるのも嫌なので、女性と出会う機会さえ持ちたくないという。

最近では、歯科医や病院に行くことも増えてきた。保険があっても、検査などで一万円近い高額の医療費を取られることもあって、そうした出費も後々に響いてくる。だから、病気になることも許されない。

この先、両親がいなくなった後、天涯孤独になったらどうなるのかと、楠本さんは考える。農業をしていた親は、何でもかんでも農機具に金を注ぎ込んでいた。自分に残されるのは、二束三文の田んぼだけだ。

「このままひとりぼっちになったら、どうなるんだろうという不安が、ふとよぎる。国は、こういう現実に、目を向けたくないんでしょうね」

父も以前は「しっかりした会社に入れ」と言っていたが、最近は弱ってきたのか、何も言わなくなった。逆に、孫（兄の子ども）が大学を卒業して、公務員になったことが、嬉しかったのだろうと思う。

「孫の顔を見ると、元気になる。私の顔を見ると、暗い表情に変わるんです」

それぞれの生き方だとはいえ、楠本さんにはそれがまた、つらい。

お金があれば、何かが変わるわけではないけれど、何かを変えるには、先立つものが必要だ。両親に万一のことがあったとき、何もなければ、やはり不安しかない。

楠本さんはいつも、とめどなく長い上り下りの坂道を車で走りながら考える。

「人生を変えるには、宝くじしかない」

大きい金額を得るには、そんな夢しか、今は持てずにいる。

どうして、こうなってしまったのかはわからない。ただ、長い時間かけて、職場と自宅を行き来するだけで疲労困憊《ひろうこんぱい》の楠本さんにとっては、〝人並みな生活〟と遮断された毎日が、これからも続いていく。

第七章　支援とブラック企業

内定者懇親会での暴力

ブラックな職場や支援機関での理不尽なパワハラやいじめによって、社会での人間関係がトラウマになり、遮断に追い込まれた人もいる。

九州の沿岸部の地方都市に住む櫻井翔太さん（仮名＝当時四二歳）は、四年制大学を卒業後、新卒で入った会社はメーカーの営業職だった。

櫻井さんとは駅の改札口で待ち合わせ、街の中心部にある喫茶店に入った。店内に珈琲《コーヒー》の香りが漂う昔懐かしい感じの店だった。

櫻井さんは、まだ入社前の内定段階の大学生だったとき、内定者を集めた懇親会に参加した。そこで、上司として紹介された人に、暴力を受けた。その上司が暴力を振るったのは、酩酊《めいてい》していたからに過ぎなかった。

櫻井さんが大学を卒業した当時は、超就職氷河期だった。内定が出ていたのは、この会社だけ。嫌でも辞めるわけにはいかなかった。

とはいえ、お酒の席のことだから、イレギュラーな出来事であり、この上司も普段は明るい人なのかもしれない。そんな淡い期待は、入社してみて、すぐに吹き飛んだ。まさか、それからずっとパワハラを受け続けるようになるとは思わなかったからだ。

酒癖の悪い上司

入社後に、櫻井さんが初めて出勤すると待っていたのは、いきなり営業に配属され、酒癖の悪い上司の下で付きっきりになって仕事を覚えることだった。

その上司は、普段は寡黙な人だった。いったい何を考えているのかわからないくらい何もしゃべらなかった。

ところが、酒の席になると、豹変《ひょうへん》したように日頃の不満が爆発。櫻井さんは、暴言を吐かれたり、いきなり髪を引っ張られて引き倒されたりした。しかも、上司は、笑いながら去って行った。

「また、やられてる」

職場の同僚たちも、櫻井さんがいじめられている光景を、遠巻きに傍観していた。

何か理由があるとかではない。特定の誰かをターゲットにしているだけだと思った。

櫻井さんは、営業職だったので、昼間は終日、外回りが続く。他の同僚たちと仲良く交流が持てなければ会社になじめない。その機会は、夜の飲み会の席くらいしかなかったが、必ず酒癖の悪い上司が絡んでくるために、会社の他の同僚たちとなじむことができない。

そもそも櫻井さんは、あまり酒を飲めなかった。しかし、内定者懇親会で上司に暴力を振るわれて以降は、無理して飲むように努力した。

仕事自体も、商品やサービスについての知識を勉強する研修の機会もないまま、櫻井さんはいきなり営業をさせられたため、何を営業しているのかまったくわからない状態に苦しみ続けた。

酒癖の悪い上司は、酒の席でさまざまな問題を起こしていた。ただ、経営者の身内であることを理由に、社内では誰も注意できずにいた。特定の人だけのコネや利害が優先され、アンフェアな人事や理不尽な環境が放置されれば、現場での不安は高まり、離職者も増える。

櫻井さんは、上司からアルコールが入るたびに暴力に遭った。周囲は、見て見ぬふりを決め込み、助けてくれる人もほとんどなく、櫻井さんは入社して一年が過ぎる頃には、職場内で完全に追い込まれていた。

一方、他の同期の社員は、一年間にわたり研修を受けていた。他の同期と自分の待遇とのあまりの落差に愕然《がくぜん》とさせられ、会社の同僚たちとも接点を持てない状況で、櫻井さんは会社内で誰ともつながりがなく、関係性が遮断していた。

誰も相談できる相手がいなかった。だから、自分の中で抱え、悶々《もんもん》とするしかなかった。

この間、管理職から言われた言葉は、たった一言。

「我慢しろ」

やりたい放題で暴力まで振るう上司には何も言えず、何とも情けない管理職だった。

「一年過ぎれば、新入社員が入ってきて、いじめのターゲットが変わるかもしれない」

「我慢できないのなら、配置転換するか？」

配置転換先の候補は、衝立《ついたて》で囲われ、仕事のない窓際の部署だった。

なぜ自分のほうが異動しなければいけないのか。そう疑問に感じたものの、どっちかだという選択肢を突き付けられ、我慢するしかなかった。

忘年会に誘われない

櫻井さんは結局、約一年で会社を辞めた。転職先を決めずに辞めてしまったところが、自分の生き方の下手くそさだと感じた。でも、決めてから辞めることは、自分の中で罪悪感があって、どうしてもできなかったのだ。

すごく苦労して就職活動したうえで入社したのに、上司のストレス解消役にさせられたあげく、そのパワハラがきっかけとなって職場で孤立し、仕事とは別の悩みで辞めざるを得なかったことに、何となく空しさが込み上げた。

櫻井さんは一年後、九州の都市にある別のメーカーに転職した。

ところが、転職先の会社は、さらにパワハラがひどい職場だった。何よりも拘束される勤務時間がとても長かった。

毎日、午前八時に出勤し、終わるのは午後一一時頃。深夜になることもあった。残業代は出たものの固定給で、一定額を超えると打ち切られた。

「おまえたちが残業を多くすれば、それだけ会社が得をするから残業をしろ」

櫻井さんは、そんな信じられない指示を露骨に受けて、事実上の「サービス労働」を強いられた。

日常がすべて、前の会社で受けた暴力よりもつらいパワハラのように感じられた。何しろ、櫻井さんが話したことを上司が悪意を持って社内にデマとして流布する。昨日まで普通に話をしていた同僚が、その根も葉もない噂をきっかけに、翌日、自分に対して怒っているというようなことが、たびたびあった。

上司がデマを流布する理由というのも、「若いやつは苦労するべきだ」とかいう他愛もない個人的な事情に過ぎなかったようだ。

櫻井さんが気づいたときには、社内で忘年会が開かれるときも、自分だけ誘われないようになっていた。気づいたきっかけは、ある日、全員が一斉に帰り支度を始めたからだった。上司は忘年会の存在自体を櫻井さんに伝えずに、無断で欠席扱いにしていた。それでも、そんなどうでもいいようなことが、櫻井さんを前の会社以上に傷つけ、摩耗させていく。

職場の忘年会のことは知らされていなかっただけだった。しかし、「欠席」の文字を見た別の上司から、「みんなが時間を調整して参加している。なぜ、おまえだけ来ないのか。自分勝手なことをするな」と怒鳴られるのだ。

「バカ真面目でおもしろみがないから嫌いだ！」

上司から、そんな捨て台詞を吐かれたこともあった。

周りの同僚たちは、うすうす気づいているものの、関わりたくなかったのだろう。上司の傍若無人なパワハラを見て見ぬふりして放置していた。まさに、学校でのいじめの構図そのものだ。

そんな無法状態のような世界の中でひとり、櫻井さんは頑張って数年も勤務し続けた。

そして、いつかは辞めようと思っていたとき、知人から資格取得を勧められた。

ただ、資格を取得するには、仕事を休む必要があった。しかし、仕事を休むことはできない。「どうしよう?」と思い悩み、会社の先輩に相談した。すると、会社は翌日に、代わりの人を雇う準備をしていた。

そんなことが後押しになって、櫻井さんは会社を退職。以来、職場で繰り返されたいじめによるトラウマから、人間関係が怖くて仕事に就くことができなくなり、ひきこもっていく。

遮断からの脱出

櫻井さんは、筆者の元に初めて連絡してきた頃、仕事を探していた。地方の実家にひきこもっていた櫻井さんが、実家から離れた都市部へ面接に行くと、アパートがないことを理由に採用を断わられ、仕事が決まっていないことを理由に、アパート契約を断わられていた。

では、いったいどうすればいいのか。親元を離れて自立し、ひきこもる現状を打開したいと考えている人たちの多くは、この負のスパイラルのような社会の障壁に、行く手を阻まれる。

そんな櫻井さんは、就職活動中、ハローワークに置いてあったチラシを見て、厚労省の事業である地域若者サポートステーションのことを知った。当時、死のうかなと思っていた櫻井さんは、「働きたいけど、どうしたらよいのかわからない……」といった働くことに悩みを抱えている若者の就労を支援しているというサポステに、後悔したくないから頼ってみようと考えた。

ところが、このサポステで、スタッフからまず勧められたのは、半年市内に就労を強要されるという結論ありきのメニューだった。櫻井さんがそれを断わると、次にスタッフから、連携している民間の支援施設の寮に入って生活保護を申請し、集団生活してくれれば、小遣いをあげると言われた。公的支援機関と思っていた無料の窓口相談で勧められたのが、いわゆる〝貧困ビジネス〟だったのだ。

櫻井さんは、筆者にメールで、こう綴る。

正直もう精神的にも経済的にも限界にちかく毎日死ぬことばかり考えています。

（この地域では）支援がサポステに集約されているので支援、相談を求める先も無く犯罪まがいの行為に泣き寝入りし、社会から排除され孤立したままです。

それでも櫻井さんは「仕事を決めたい」からと頑張った。

家の中では居場所がなく、「仕事を決めること以外、何もするな」というプレッシャーを親から受ける。「何もするな」ということは、つまり「仕事をしていないこと」を責められるという親の圧力だった。

「親の育て方が悪い」という周囲の批判を気にする家族は、仕事をしていない子どもの存在をひた隠しにする傾向がある。そんな子どもたちは、自分が恥ずかしい存在なのかという親の価値観を内在化させて自信をなくし、ますます身動きが取れなくなって外の社会との関係性を遮断させていく。

ひきこもる状態や精神疾患、障害のある子どもは、世間体や他人との比較を気にして隔離したがる家族によって、地域から隠されてしまうことが少なくない。

一九〇〇年に制定された精神病者監護法は、精神疾患のある人の家族が、当事者を自宅の中に閉じ込めて監護することを認めていた。監護とは監督保護のことで、いわゆる〝座《ざ》敷牢《しきろう》〟は国策だったのだ。

その後、ライシャワー事件などを経て、一九九五年に精神保健福祉法が施行されると、ようやく「自立と社会参加促進」という障害者福祉の理念が盛り込まれた。ところが、今でも基本的人権よりも秩序の安定に重きが置かれ、周囲に迷惑をかけないよう外に出さないのが家族の義務だと勘違いしている人は多い。

櫻井さんの場合も、ふだんから家庭内で気まずい空気を感じ続けた。つながりを持ちたくても、何も活動できない。何かをしようとして動くこと自体、家族の中でプレッシャーになる状況だった。

そんな櫻井さんから最近、アルバイト先から正社員としての内定が出たとの報告があった。真面目な仕事ぶりが評価されたのだ。

櫻井さんは、こう振り返る。

「池上さんやバイト先で助けてくれた上司や同僚などとの出会いが大きかった。そして、自分の居場所をつくるためには、努力やスキルを身につけることが必要だと感じました」

櫻井さんは、会社という所属先ができたことによって、職場で同僚ともつながり、長い〝遮断〟の時代から脱却できた。

第八章　社会への道のり

世間体が生んだ登校拒否

〝遮断〟された状況から、フリースペースのような職場環境の警備会社に行って癒され、今では現場リーダーになり、婚活パーティーに参加できるようになるまで変化した人もいる。

ビルの中の急な階段を上って、探偵ドラマに出てきそうな古めかしいドアを開けると、温かな雰囲気の部屋があった。東京都町田市にある「エリア警備」という警備会社だ。

二〇一六年一月一四日、筆者は、仕事現場でリーダーの高橋和弘さん（当時二九歳）に会うため、この会社を訪ねた。一四年という長期の「ひきこもり」経験を経て、同社に入社した高橋さんに会うのは、二回目だった。

それでも紺の作業服に身を包んだ高橋さんは、終始うつむき加減で照れくさそうに微笑《ほほえ》みながら、インタビューにしっかり答えてくれた。

小学校のときまでは、普通に登校していた。ところが、中学に入るとき、引っ越しで学校が替わり、知り合いがまったくいなくなった。学校の雰囲気に慣れなくて、一日学校に登校しては翌日こっそり休むといった感じで、少しずつ学校に行けなくなった。

小さい頃はやんちゃで、近所の子を追いかけてトラブルになったのが不登校のきっかけだった。相手の親から「お宅の子は危ないから、遊ばせるな」と叱られた。父親からも「近所の子と遊ぶな」と言われた。

父親は世間体を気にする人だった。母親は今になって「世間を気にして〝ずっと家にいなさい〟と言うから、こんなことになったんだ」と、父を責めるように振り返るという。

そんな親に対し、学校に登校していなかったことがバレたとき、高橋さんは「じゃあ、行かなくてもいいや」と開き直った。

中学一年の頃は、週に三日くらい登校していた。しかし、二年生の二学期からすべて休むようになり、三年生のときは一日も行かなかった。

家にいるときは、テレビを見たりゴロゴロしたりして過ごした。その頃は、テレビや家庭用ゲームが唯一の楽しみだった。ニンテンドーDSやNINTENDO64のマリオカートやドンキーコングなどのメジャーゲームに熱中した。

高橋さんは、それらをやっているうち、勉強するほうが面白いと感じるようになってきた。楽しく勉強していると、早く覚えられることを発見した。暇過ぎたということなのだろう。それでも、学校には行くことができなかった。

父親や母親から「学校か仕事に行ってくれ」などと言われるたびに、「外に出なければ」と思っていた。しかし、元々の性格が怠け者で、「後で」と繰り返すうちに、気づいたら二〇代になっていた。

目の前に開いた「重たい扉」

高橋さんは、中学三年生のときには一日も通わず、高校に入学したものの、一年目はダメで、自宅で単位の取れる別の通信制高校を二〇歳の頃に卒業した。その間、学校という目的があったので、外に出ることができた。それ以外の目的がないと出られない。その後は、目的がなくなって、ずっと家にいた。

「自分のやる気のなさみたいなものが、いちばん強かったと思う」

高校を卒業してからは、一軒家の自宅から外には出られなくなった。出たとしても、コンビニなどで買い物するか、ブックオフへ漫画を立ち読みしにいくくらいだった。その頃には、他人との関係は、まったく遮断されていた。

それでも高橋さんは、食材があれば、ご飯は自分で食べることができた。この先どうなるんだろうと思いつつも、ただ暮らしているだけだった。

ある日、母親から「警備会社の面接に行く?」と誘われた。それが、母親が求人情報で見つけたエリア警備だった。

「自分の家にひきこもっている息子がいるから、出してみたい」

母親は、そんなきっかけから同社に問い合わせ、まずひとりで面接に訪れた。

高橋さんは、「どうせ行かないだろう」と思って、勢いで「弟が行くんなら……」と答えたら、弟も面接に行くという。結局、「弟が行くなら」と約束してしまった手前、引き返せなくなってしまった。

同社は元々、別の警備会社にいた大橋源社長（三七歳）と松本大助取締役（四二歳）が、二〇一四年一月に個人事業として立ち上げ、二〇一五年四月に法人化した。

同社では、四〇代、五〇代の高年齢化したひきこもり経験者たちも雇用している。最初から意識して、ひきこもり当事者を雇用したわけではない。フリーペーパーなどの求人情報を見た家族などを通じて、結果的に「ひきこもる当事者とつながった」だけだという。

一四年ほどひきこもっていた高橋さんも、こうして母親が見つけた同社の面接に弟と三人で、たまたま行くことになっただけだった。

そもそも母親は、父親と離婚後、生活保護を受給せざるを得ない生活状況にあった。だから、母親からは、高橋さんが早く働くことによって、「生活保護から抜け出したい」「普通の生活に戻したい」と言われていた。ただ、長期にわたってひきこもっていた高橋さんにとっては、とても仕事を探せる状況ではなかった。

弟が本当に「行く」と言ってしまった手前、引っ込みがつかなくなっていた高橋さんは、案の定、面接当日になると逃げ腰になり、怖くて震えが止まらなかった。階段を上がり、扉の手前でドアを開けるまでの間、逃げ出したいと何度も思った。いつものように逃げて、今までどおりの生活に戻りたかった。

ただ、この機会を逃したら、もうチャンスは来ないのではないか。この扉の向こうには、今の遮断された状況から新たな世界が拓かれていて、自分を待っていてくれる人がいる。この流れに乗っかって、扉の向こうへ、一歩踏み出してしまおうという思いのほうが、そのときは勝っていた。

扉の向こうにたどり着けず、水面下の遮断された世界に留《とど》まらざるを得ない人たちが圧倒的に多い中で、高橋さんにとっては、家族の支えにのっかって一緒に重たい扉を開けられたことが、ひとつの分水嶺《ぶんすいれい》だったのかもしれない。

本音トークができる職場

ドアを開けて、職場に入ったとき、高橋さんは、最初は恥ずかしさのあまり、顔を上げられずにいた。雑然とした部屋の中には、大きな体格の人もいて、怖いイメージもあった。

高橋さんは、身構えて部屋に入ったものの、あれっ？　という感じで、何もすることもないまま放っておかれたような状態になり、五〜六時間くらいにわたって、職場のテレビを見ていた。でも、同僚たちは気にすることもなく、ワサワサと仕事をしていた。しかし、高橋さんは、たまたま話した同僚が普通に自分の話を聞いてくれて、嬉しくなった。ちょっとしたアニメやゲームの話にも気さくにつきあってくれた。

高橋さんのこれまでのイメージでは、会社で仕事している人は、アニメやゲームなどに興味がないと思っていた。先輩の中には同年代の人もいて、だんだん親しくしてくれた。高橋さんは、話しかけてくれる人が増えていくたびに嬉しくなって、気づいたら職場に慣れてしまった。

「今から振り返ると、私がアニメ、その人がパチンコの話をそれぞれしていて、かみ合っていなかったのかもしれない。でも、自分との会話に耳を傾けてくれたことが、嬉しかったんです」

他人との関係性がなく、遮断された世界にいる人たちの多くは、筆者とのやりとりを通じて、これまで「自分の話を聞いてくれる」「自分の思いを受け止めてくれる」人が周囲にいなかったと明かす。そんな当事者たちが、自分を認めてくれる存在に初めて出会えて、自分の出した考えやアイディアが実現したりカタチになったりすることで、劇的に変化していく姿を、筆者はたくさん見てきた。

高橋さんの場合も、これまでは「自分が話しているから、気遣って耳を傾けているんだろうな」と思える人はいた。でも、話の中味にまできちんと興味を持って聞いてくれていることが、とても嬉しかったという。

筆者が思い出すのは、ひきこもっていた三〇代男性が、ある企業に就職したとき、話してくれた言葉だ。

「自分の窮状を訴えて、相手からレスポンスをきちんと得られる場が、当事者には必要だと思った」

彼は、後述する第九章の「ひきこもりフューチャーセッション庵―IORI―」という対話の場に参加したことがきっかけで、そう体感して、自ら動き出していったタイプだ。

高橋さんも、最初の頃は、現場よりも事務所にひとりで来ることが目的だった。そのうち、夜間の大学に通う弟が午前中に来て、午後から自分が交代するという勤務体系になった。

現場には、週二回通勤したものの、時間は短くて済んだ。勤務以外の日も、事務所に毎日通った。

「昼間、家にいて暇なら、ここに来れば？」

「新しく入ってくる人たちと一緒に研修して勉強したら？」

「とにかく他の人に挨拶しなさい」

大橋社長は、高橋さんを家から外に出すために、そう声をかけた。

高橋さんは、事務所にいるときはソファに座り、昼から深夜までテレビをずっと見ていた。最初の頃は、誰からも声をかけられなかった。職場の同僚たちが、その存在を忘れるくらい、ソファに溶け込んでいた。

「一生懸命、挨拶しているつもりでも、相手が気づいてくれないんです。たまに、〝いたんだ？〟とびっくりされるくらいでした。自分は、そのときは〝全開〟だったんですけど。それを見るたびに、また現場で仕事のときも、社長から〝もっと声を出して〟と、ずっと言われ続けました」

高橋さんは、そう言うものの、きちんと聞き取れる声の大きさだ。

「今はオフの状態で、これくらいの声です」

高橋さんは、複雑な家庭の事情もあって、家から早く出たかった。むしろ、職場にいて、現場から続々と帰ってくる同僚たちの会話を聞いているのが楽しかった。それがまた、居心地のよさにもつながる。

深夜、職場は男性ばかりになると、本音トークになる。そこには、これまで自分が思い描いていた怖くて陰湿な職場のイメージとは、まったく違った世界が広がっていた。

そもそも警備会社と聞いて、高橋さんは、施設や駐車場を警備している制服を着た体育会的な姿形のイメージを抱いていた。ところが、この職場に来ると、服は泥だらけだったり、走り回ったり、友人感覚で話しかけてくれる「いい人」がいっぱいいて、イメージはガラリと変わった。

歩行者とのコミュニケーション

高橋さんの主な仕事は、道路に立って赤い棒を振ることだった。道路の一車線の片側通行や通行止め、歩行者誘導などを行う。

他の登録制の職業と違って、警備会社は法律で定められた三〇時間以上の研修期間がある。それを受講すると、初めて警備員としての登録ができて、採用もされる。

仕事柄、歩行者などから「なんで通れないんだ！」「いつもここ通ってんだから、通せ！」などとクレームを言われることが当たり前だと事前に思っていても、やはり堪《こた》えることがある。

一方で、歩行者に挨拶しただけなのに、自分に挨拶を返してくれるだけでも嬉しさがある。また、「ご苦労様です」とか「いつも大変ですね」などと自分がいることに気づいて声をかけてくれる人がいると、現場に立っているんだという自覚にもなる。

同社の登録者のうち、ひきこもり経験のある警備員は一〇人前後に上る。自宅にずっといるという意味で使われるネットスラングの〝自宅警備員〟ではなく、本物の警備員だ。

「スーパーのレジ打ちや接客などと違って、対人業務がなさそうというのがいいのかもしれません。土木のような力仕事でもない。夜中の倉庫業務などは、若い子以外は期間限定になりがちです。家族以外の対人関係のなかった人たちは、少しプライドの高いところがあり、上司が年下というだけでいづらい。警備員は、単独でやっている感じがするようで

す」（大橋社長）

しかし、実際には、道路で住民に「ここは通れません」「回り道をお願いします」などと声をかけなければいけない。最初は、話すのが苦手で戸惑いがあるような人でも、社会で自立したい、家から出ようとしている人たちにとっては、やりやすい仕事なのかもしれない。

高橋さんは現在、フルで現場に入っている。きっかけは、夏場の夜勤に出て以降、一日フルで入るようになったことで、気づいたら週に六日、昼も夜も現場に出るようになっていた。

高橋さんは、不思議と疲れもなかった。当時、体型的に痩せていたので、どこの現場にも自転車で出かけることができた。

働き出してから太り過ぎて足が痛くなった。手元に使えるお金があると思うと、毎夕、現場からの帰り、コンビニでいろんなものを買ってきて飲食する毎日。会社に入ってから二〇キロ近くも太って、母親からトド扱いされるまでになった。

登録制なので、自分のペースで仕事ができるのも大きい。

同社に入社した五〇代の当事者は、一度も働いた経験がなかった。ただ、両親が亡くなり、「この先、自分も不安だから、仕事してみようかな」と応募してきたという。

まさに、今、話題の「８０５０問題」（親が八〇代、子が五〇代になって生活が行き詰まる）のその後を実践する生き方だ。

「一週間でどれくらい働きたいのか、今月はこの日を休みたいとかを自己申告制で聞いて、それらの希望に沿ったシフトが組まれます。今日入っている人も、明日はどこの現場か、終わったときに毎日確認を取っています」（大橋社長）

現場で仕事するのは、週に一日でも半日でもＯＫ。日勤も夜勤も選べる。そんな仕組みも、少しずつ働きたい人にとっては入りやすい。

ただ、大手の警備会社の中には、毅然とした態度をとることや、白い歯を見せるなと厳しく指導される会社もある。

「会話ができたら、どの仕事よりも楽なんですけど、住民さんの印象が大事になるので、やはり難しい。覚えることも、非日常ではなくて日常なんです」（大橋社長）

「履歴書の空白」を気にしない会社

長いこと家にいると、人とのコミュニケーションに疎外を感じるだけではない。身体《からだ》を動かさない生活が続くと、体力もなくなっていく。

高橋さんは、こう明かす。

「仕事もしない、外にも出ないでずっといると、筋肉がどんどん落ちていっちゃいますし、会社に入った頃は、自分の根性のようなものだけで動いているような状況でした」

夜勤の日は、午後八時半に集合して、九時から始まる。終わるのは、翌朝の五時か六時頃。人が足りなくなったことがあって、「そろそろ一気に行くか」と、夜勤のローテーションに入った。声が小さいので、歩行者誘導するうえで、昼間に比べると夜のほうが人通りもあまりなくて都合がいいなど、いろいろなタイミングが重なった。

人の流れ、車の流れをコントロールするポジションがある。自覚はしていなかったが、工事業者からは「意外に（この仕事に）向いているんだな」と言われる。冗談で「いつも静かに存在を消しているから、探偵にもなれるよ」と笑われることもあった。

「とにかくキョロキョロする。〝見落とすなよ〟と言われて、怒られたくないというのが最初の動機だったかもしれないけど、そのうち誰よりも早く歩行者や自転車を見つけるんです。察知能力的な匂いというかセンスがあるんです」（同社の上司）

警備員としての適性は難しい。しかし、高橋さんは、今では誰よりも自分の立ち位置を自発的に考えられるようになった。

長年、孤立状況にあった人を採用するにあたって、よく障壁になるのが〝履歴書の空白〟問題だ。しかし、大橋社長に聞くと「気にしない」という。

「ひきこもるというのは、いろんな理由があるからだと思います。こういう性格だからかもしれないけど、高校デビューとかいう言葉があったじゃないですか。仕事しようとしている人間って、対人関係に何かがあってとか、仕事の意欲のある人ほど、いじめられてひきこもる人も多い。そうであれば、そんな環境がなくなったところで働くのであれば、自分を変えようとしてもらったほうがいいので、過去に何があったかはあまり気にしないですね」

その働き方も、気が向いたときに、月に一回くらい、仕事に来るという当事者もいる。

その当事者は元々、駅に行くこともひとりではできなかった。

高橋さんは、事務所で五～六時間ずっとテレビを見ていて、スタッフたちも気にしないでいると、この空間を好きに使っていた。そんな〝新入生〟も、今では毎日働きに来るようになった。お掃除や宴会にも欠かさず参加するまでになった。

「実は、まったく未経験でプライドの高い人ほど、認めてほしいというところがあって、一生懸命働いてくれて、お客さんにも恵まれているのか、ウケがいいんです」（松本取締役）

日給は一日約八〇〇〇円。決して高くはない。

ただ、現場が終わると、みんなここに帰ってきて、上下の関係なく、特別視することもなく、友人のように一緒に会話する。そんな中で、ひきこもっていた人が堂々と「ひきこもってました」と宣言もできる。

このような「全員で見守っていて、フォローできる」という会社のスタッフの温かい雰囲気が、当事者たちが社会につながるきっかけをつくり出しているのかもしれない。

「彼女が欲しい」が生きがいに

高橋さんは「彼女が欲しい」と言う。まだ出会いの機会はまったくない。最初は冗談のつもりで同僚に誘われたのがきっかけで、婚活パーティーに参加した。しかし、部屋の片隅で静かにしていた。

同社で仕事をするようになってから、母親と一緒に実家を離れて二人で暮らし始めた。母親も仕事をしているため、生活保護は解除された。自分で生計を立てられるようになり、一歩一歩、着実に進んでいる。

婚活パーティーに誘われて、行くことへの抵抗もなくなった。彼女ができるという目標にも、きっと確実に向かっている。

そんな高橋さんは、将来のことを考え、警備員を指導できる免許を取りたいと真剣に思っている。指導の免許を持っていれば、いざというとき、独立することや自分で警備会社を持つことも可能になる。

これまで自立できなかった人でも、社会保険に入ると、変化が見られる。高橋さんは、その後ひとりで家を借りた。家賃や光熱費などを支払いながら仕事を始めたら、変わった。「彼女が欲しい」と言い始めてからも、また変わった。それまで無地の服しか着たことがなかったのに、柄物を好むようになった。

買い物は、年下の同僚と一緒に行く。それまで服を買いに行くことなどなかった。高橋さん自身は自覚がないというものの、周囲から見ていると、何か節目があるたび、常に変わっていく。

それまでの人生はほとんど、話せるような友人がいない状態だった。誰かと服を買いに出かけるような関係ができたこと自体、初めてだった。彼女とか婚活とか意識し始めてから、まったく考えられなかった外出もするようになった。

一四年ひきこもっていた人が、ここまで変わる。コンプレックスも、体型のこと以外はなくなった。

「メンバーは、現場での経験が多いんです。みんな、現場の中で（最初はみんな）同じ他人同士というのを知っていて接するから、職場に入りやすかったんだと思います」（松本取締役）

求人情報を見て同社に電話してきた人の中には、他にも「中学生のときから履歴が空白で、ひきこもり状態なんです」と明かす三〇代半ばの人もいた。ただ、犬の散歩代行やポスティングなどのアルバイトをしたことがあり、努力し続けているからこそ前向きで、同社の求人情報のアンテナに引っかかったのかもしれない。

周囲の同僚も、いろいろと勉強させられることが多いという。

長年、ひきこもっていることが問題なのではない。ただ、ひきこもることは問題だと考える世の中の風潮がある。実際、ひきこもることによって、生活が困窮し、家族が苦しんでしまう問題もある。すべてのケースを一律に括った答えがあるわけではない。

ひきこもっていることをコンプレックスに感じ、隠し続ける人もいる。何が「フツー」なのか。ひきこもることのどこが悪いのか。家族とは何なのか。本人がよければ、それでいいと思っても、家族は困っている。

同社の大橋社長は、ひきこもり経験者を採用するにつれ、ひきこもっていた人の気持ちを聞いてみたいと思い始めたという。

社会復帰とは何か

すべての人間関係を遮断する人たちは、いじめや暴力、パワハラに遭ったとか、トラブルに巻き込まれたなど、傷を負い、これ以上自分が壊れないように、社会から撤退せざるを得なかった背景がさまざまだ。それぞれの当事者が、再び社会に出ていくときのプロセスもみな違う。共通しているのは、家族以外との関係性が途絶え、状態としてひきこもってしまうところだけだ。

筆者は、ひきこもる人たちと、たくさん関わってきた。周囲からは、そうした当事者たちを見て、「社会復帰できるんでしょうか?」と、よく質問される。

そもそも、何をもって、誰が「社会復帰」と判断するのか。その定義も、ハッキリしていない。

あえて言うとすれば、私たちは、「社会的に孤立した状態から新たな関係性を構築できる」ことが、ひとつの目安になるものと考える。一方で、親や行政の側からすると、経済的に自立してもらって、自分で収入を得て生活していけるようになるものを基軸に置いているようだ。とはいえ、そうした期待は、本人にとってみれば、なかなかハードルが高い。

しかし、最も大事なことは、本人がどう思うかにある。自分に適したプロセスは、ペースも時間もやり方も、みな違う。行きつ戻りつしながら、自分の意思でつかんだ人間関係の中で、何とか社会に生きる意義を見出せる人もいる。

就労して経済的に自立した生活までして生きていきたいと思えるかどうかも、みながそう望んでいるわけでもない。本人が自立したいと望むのであれば、いろいろな情報がつかめるようにやりとりをしていく。ひきこもりながら生きていきたいと思っている人でも、今はそう思っているものの、関わっていく中で、次の目指したいものが少しずつ自分の中に芽生えていくこともある。

今の姿形だけで、その人のすべてを判断できるわけではない。とはいえ、生活していくうえで、お金や家が必要になる。本人をサポートしてくれる、近しい家族と人間関係がある程度、上手く維持されていかなければならない。生活保護や障害年金などの公的制度も含めて、どういうオプションを使って生き延びていくのか。ひきこもり方の追究も考えていくことが大事だ。

高橋さんのように、ひきこもらざるを得なかった人たちは、アンテナの感度が高い分、人の観察力が優れていて、そこが警備にも向いたのかもしれない。

高橋さんは、どこに行っても、初めて知ることや初めて見るものばかりだが、そうやって、だんだんと知ることの楽しみも覚えた。

「自分もそうだったんですけど、しゃべるのが苦手な人もいます。やっても絶対にできないと思うこともある。でも、意外に毎日しっかりとやっていけば、ちょっとずつ歩みは遅いんですけど、成長していける」

高橋さんは、「チャンスと出会いは、ひとつひとつ大事にしていくことを心掛けたい」と強調する。

「自分のことを隠さずに、本音で受け入れてくれる人が必ずいる。そういう人との出会いを大事にしてほしいですね」

とはいえ、どうやって本音で受け入れてくれる人と出会えばいいのか、なかなか難しい。高橋さんは「本音でぶつかってみて、相手の反応を確かめる」ことを勧める。

「冗談でも受け入れてくれたり、話したりしてくれるうちに、自分の体験話などで、ちょっとずつ慣れていって本音を出せるようになっていくと思う」

今後は、内勤の仕事も少しずつ覚えていきたい。厚生年金には入っているが、今はまだアルバイト。これから希望すれば社員になれる状況にあるものの、社員になると、自分がどう変わるのかが不安だという。

先のことは、まだまったく思い浮かばない。それよりも、彼女をつくり、今の生活をしっかりと充実させて、これまでの過去を楽しく振り返れるようになることが、高橋さんの描く、ささやかな夢だ。

第九章　自らの意思で出会いが選べる

「ひきこもり」界隈に生まれた対話の場

「ひきこもりフューチャーセッション庵――ＩＯＲＩ――」（以下庵）とは、「ひきこもり」というキーワードに関心のある多様な人たちが、「ひきこもりが問題にならない社会って、どんなものだろうね？」の問いをベースに集まるフラットな対話の場だ。偶数月の第一日曜日、都内二三区の公共施設を中心に、二〇一二年から定期開催している。

庵では、毎回、さまざまな対話のテーブルを用意している。参加者たちは、自由にテーマを選ぶことができる。

同年七月、実験的に二十数人くらいの仲間たちとともに、筆者はこの庵という場をつくり出した。以来、そのことが口コミで広まって、孤立状態にある当事者たちだけでなく、今は社会にいるけど職場で人間関係が上手くつくれないといった人や、何か協力したいと考える人も含め、全国から毎回一〇〇人以上が参加している。二〇一七年一二月に東京郊外の古民家を借り切って開催したときには、一三〇人あまりの参加者が集まった。

その内訳も、ひきこもる本人や経験者が、参加者全体の六割~七割を占める。長年、ひきこもり界隈に関わってきた筆者が知る限り、定期的に開かれているイベントで、これだけ数多くの当事者たちが自らの意思で参加してくる場を見たことがない。

この庵という「ひきこもり」クラスタの人たちに向けた対話の場を東京で始めてから、二〇一八年八月で七年目を迎えた。庵を発案したのは、フォトジャーナリストの加藤順子さんだ。加藤さんによれば、二〇一一年頃から「ひきこもり」界隈に「対話の場」を持ち込みたいと考え、コミュニティ運営やファシリテーションを引き受けてくれる人を求めていた。ファシリテーターたちも、自分が助けになる場のお手伝いをしたいと、コミュニティづくりに関わるきっかけとなる話題や課題を探していた。それはまさに、パズルの最初のピースが合ったような感じだった。

閉ざされた世界を打ち崩す「関係性」

今もひきこもり続ける当事者たちの中には、家から出られずに会えない人たちも少なくない。そんな姿の見えない当事者たちとネット上でやりとりしていくうちに、思いをきちんと受け止められるような場づくりが必要なのではないかと、ずっと感じていた。

そんな本人たちの思いに突き上げられるような形で、一緒に形にしていくためのお手伝いができたらいいのかもしれない。そう思って手探りで動き始めた。

そして、二〇一一年の震災後の対話ブームの中で、「ひきこもり」をテーマにして多様な人たちとフラットな関係性を築けるような装置として行き着いたのが、この庵だった。「ひきこもり」に関心のある多様な人たちが集まるコミュニティにファシリテーターと呼ばれる対話の促進役が入る。未知の世界ではあったが、そんなファシリテーターという触媒的な役割の人たちの下、自らの意思で出会いが選べる場づくりを通じて、新たな仲間や友人との関係性がつくれるのではないか。

そんな関係性からいろいろなアイディアが生まれて、それをカタチにしていくお手伝いができたらいいなあと考えた。

本業の合間にファシリテーターとして、庵という場づくりに関わってきた私たちにしてみれば、趣味が高じて始めたプロボノ活動のようなものだったのかもしれない。

庵のディレクターを務めてきた川初真吾さん（四五歳）も、自身の弟が二〇年ほどひきこもる生活を続けていた。しかし、川初さんによれば、これまでさまざまな支援者や行政の主催する講演会やシンポジウムに出かけてきたが、「支援をこうやって活用しましたよ」というような体験報告はあっても、ひとりひとりの顔の見えるような話を聞く機会が持てない。そんなもどかしさを感じていたとき、筆者からフューチャーセッションの話を聞いて、「ひきこもり」というテーマとの親和性が高いのではないかと直感したという。

筆者も幼少の頃、「場面緘黙症《かんもくしょう》」によってクラスメートなどと話すことができず、休み時間になると、教室のカーテンの陰に隠れて自分の存在を消していた。「世界で、自分ひとりだけがみんなと違っていておかしいのだ」とずっと思い込んでいた。

その頃は「ひきこもり」という言葉はもちろんなく、「不登校」という選択肢があることも知らなかった。「学校は行かなければいけないものなのだ」という価値観が、何の疑いもなく内部に植え込まれていた。今から思えば、なんてちっぽけな世界に追い込まれていたことか。生きているのがつらくて、「ひきこもり」や「不登校」という選択肢の情報があって、同じように学校や家庭で孤立した仲間たちがいることを知っていたら、どんなに勇気や自信を与えてくれただろうと思う。

そうした経験があるからだろうか。いまだに、そのときの気持ちなどを覚えているし、似たような孤立している人たちの置かれた状況がよく理解できてしまう。そんなさまざまな生きづらさや社会への恐怖を感じる人たちがアプローチしてくるのも、この人は受け止めてくれるだろうと直感でわかるからなのかもしれない。相手の姿は見えなくても、こうして社会で遮断された人たちと唯一つながっていることが、自分の役割なのかなと思えてくるのだ。

閉ざされた世界での遮断から関係性再構築へ――。姿の見えない人たちが、どうしたら、それぞれのつながりたい人たちと関係性を築けるのかなと模索していたときに出会ったのが、このフューチャーセッションという関係性づくりの装置のようなものだった。

ディレクターの川初さんの言葉を借りれば、フューチャーセッションとは、当事者と家族と支援者と行政や福祉関係の人たちが集まって、「大変だね。これからどうしたらいいだろうね」みたいな話をしていく場である。従来のように、壇上に有識者が上って、家族などの聴講者が過去と現状だけの話をありがたく聞いているような関係性では、いい方向に向かっているように思わなかったし、そういう上下関係の時代は、もうとっくの昔に終わっていたのだ。

通過点としての「庵」

ディレクターの川初さんは「ひきこもりというのは問題だというのが一般の認識だけど、僕は逆で、ひきこもりというのは問題に対する答えだ」と考える。

これだけ生きづらい原因や遮断したくなる問題が増え続けている社会や環境の中で、絶望や諦めしかないけれど、それでも生き続けていれば、いつかいいことがあるのではないか、誰かが待っていてくれるのではないか、そんな淡い期待や希望をどこかに持ち続けている人の出したひとつの答えが、ひきこもるという選択肢だったのではないか。こんな世の中に絶望して命を絶つのではなく、生き続けるためにひきこもる選択をした人たちが、これだけたくさんいる。その人たちが、自分の生き方を自分の手に取り戻すためにどうしたらいいのかという未来に向かって、一方的な関係ではなく、多様な世界の人たちが集まり、誰もまだ答えを持っていない未来についてのアイディアや考えを出し合っていく。そのフラットな関係性から生まれる対話の場が、庵だった。

従来の「ひきこもり支援」を振り返ってみれば、極端な話、ほとんどの地域において、ゴールとされるものが設けられ、それも「就労」か「結婚」しか想定されていなかった。

元々学校や職場に行けなかったり、就労してもさまざまな理由で上手くいかずにドロップアウトしたりといった人たちにとっては、引き戻そうとしても選択肢がひとつしかないことで、どこか閉そく感に襲われた末、社会から遮断されていく。これだけ多様な生き方ができる時代になっているのに、何か大事なものが欠けている感じがするのだ。

ひきこもる背景には、思いも求めているものの状態も、それぞれが千人千様、人の数だけ違いがある。その道のりも一律ではないから、マニュアルもテキストも当てはまらない。

就労や外に出すことが目的（ゴール）だとすれば、どうしてもこぼれ落ちる人が続出する。こうした支援の入り口でのズレが、長期化高年齢化の背景のひとつになってきた。

では、大事なものとは、何なのだろうか。

庵は、支援者が当事者のためにつくった場ではない。「ひきこもりが問題にならない社会」というのは、つまり「生きているだけでいいじゃない」という理解を社会に広げていくことにある。そうしたコンセプトを掲げた庵では、私たちも含めて集まったみんなが、お互いに成長し合える場だと位置づけた。

だから、庵は「居場所」ではない。関わる人たちそれぞれの「通過点」であり、プラットホームのようなものだと私たち運営スタッフは考える。

ひきこもる本人たちが本質的に抱える「言語化できない」モヤモヤに対し、「発信してもいいんだ」と思えるような安心の場をつくり出そうと、かれこれ六年以上にわたって試行錯誤してきた。

この試行錯誤とは、本人の思いや望みを受け止めつつ、一緒に考えながら実践し、検証するということの繰り返しだった。庵を運営するファシリテーターたちは、ひたすら安心を追求し続けてきた。参加者は私たち運営スタッフも含め、例外なくフラットな関係性に置かれ、多様性と自己開示のための工夫が加味される。そこから、つながりが生まれ、新しい動きが始まる。

本番の合間に二度以上開催してきた運営ミーティングでは、参加者が次回の庵でのテーマを出し合う。そして、庵で実践してみて、参加者の反応をフィードバックする場が「振り返り」のためのミーティングだ。仮説を立てて、実践結果を検証する。この繰り返しを、庵が生まれた二〇一二年以来、ひたすら続けてきた。いわば、プログラム評価のようなものだ。

そこからさらに、ひきこもった経験から得た価値が何か必ずある。私たちが感じる社会の生きづらさを解消してくれるような知恵やアイディアを託されていて、逆に彼らから助けられることもあるのではないかと思えるのである。

庵の立ち上げ当初からファシリテーターとして関わり続けている会社員の神垣崇平さん（五五歳）は、「参加しているみんなが、どこか得している」と思われている場だと表現する。

二カ月に一回、「ひきこもり」という文脈だけで自動的に一〇〇人以上が集まり、アイディアや意欲が出てきたときにテーマを持ち込むと、それらの人たちと話ができて仲間ができ、新しく動き始める。神垣さんは最近、そんな未来のことを考える装置のようになっているると感じるという。

同じく当初からファシリテーターとして関わり続けている会社員の河内千晴さん（四六歳）は、庵とは公民館のようなもので、管理人が部屋の扉を開けて、座布団も敷いておくけど、来たい人は自由に来て話をして、何かが生まれることもある。それをニコニコ見守る管理人が自分で、安心して話せるようにすることが役割だと説明する。

当事者による運営

この「フューチャーセッションという試みを始めようと思って……」という話に、最初に耳を傾けてくれたのは、兵庫県で長年ひきこもりピアサポート活動を続けている団体「グローバル・シップス こうべ」主宰者の森下徹さん（五一歳）だった。二〇一二年の六月には、いち早くお試しのセッションをやってくれた。その動きに新しい風を感じて参加していた京都府の当事者家族らでつくる「若者と家族のライフプランを考える会（LPW）」代表の河田桂子さん（六四歳）が、即座に京都でも開催してくれた。「ひきこもり」

をテーマにしたフューチャーセッションは、関西のほうが動きは早かったのだ。

東京でも、いよいよ実際に人を集めて実施してみようという段階になり、プロボノでファシリテーターとして関わってくれていた、会社員の安藤賢二さん（四〇歳）が、これから始まる対話の場の名前を〈庵―IORI―〉と名付けてくれた。"Innovative, Open, Realize, Initiative"の略だ。

私たちが何度も議論を重ね、実践してきたイベントとしての庵の主なやり方は、グループトークだ。参加者が、あらかじめ六、七個用意されたテーブルテーマを選び、おのおの好きな距離感で過ごす。着席して語りあってもいいし、輪の端から黙って聞いているだけでもいい。途中で他のテーマを選び直すのも有りだ。着席しないままうろうろしていても、別の場所で時間を共有しているだけでも構わない。ワークショップでもなく、居場所とも言い切れず、なんだかはっきりと表現しきれないが、共感が多めなゆるいグループトークを通じて、いろいろな人や思いに出会う場所と言えるだろう。

当初は設立メンバー中心だった庵のミーティングも、今は庵の参加者なら誰でも参加できる。イベント前にはテーマ決め、後には振り返りをする。やり方やテーマ、運営スタッフとしての役割分担は、参加者やファシリテーターの意見を参考にしながら、ミーティングに参加してくれたみんなの意見で決めていく。俺が最もフューチャーセッションらしいと感じるのは、実はこのミーティングだ。

最近は、当事者もテーマのオーナーやファシリテーターとして活躍するようになった。企画書を書いてまで、語りあいたいテーマを持ち込んでくれる人もいる。参加者と同じ目線で、優しい目配りのできる彼らの存在は、開催規模が大きくなってきた今の俺で、安心できる場づくりを実現していく上で欠かせないようになってきている。

一方で、毎回、不安でいっぱいのまま俺に来てくれる初めての参加者が必ずいる。会場に入れないままだったり、振る舞い方がわからず挙動不審だったりぽつんとしている人もいる。そういう人にパッと駆け寄って、俺の案内をしてくれるのがかつて同じような思いで会場の入り口に立った当事者たちだ。

私たちは、このように、常連の参加者たちが、初めて参加する人の心情を慮《おもんぱか》り、頼まれもしないうちに真っ先に案内役を買って出る、というようなコミュニティは珍しいのではないかと考える。そうした彼らの気遣いを見ていると、当事者は、フラットな場づくりやファシリテーションにとても向いているのではないかと思えてくるのだ。

「ひきこもり」を活かすさまざまなアイディア

俺のファシリテーターたちは元々、本業を持つプロボノだが、二〇一五年一〇月には、日本財団の助成金を使ったKHJ全国ひきこもり家族会連合会の養成講座で、新たに当事者中心のピア・ファシリテーターも二二人誕生したのをはじめ、何度か参加するうちに自ら世話役を買って出る当事者たちも続々誕生している。

筆者も含め、元々のファシリテーターたちは、安心できる場を守っているだけで、何もしていない。しかし、参加者同士が学び合い、「当事者などの弱者の目線で社会に変革を起こしていこう」という時代の流れは、もう止まらなくなってきている。

私たちは、きっと、何かを変えたいという人が来れば、変わるためのヒントや人に出会える可能性のある場だろうし、ありのままでいたいという人であれば、居場所のようにも機能するのだろう。合わなければ庵はその人の踏み台にだってなると考える。

庵は、自助的な集まりや支援活動とは何か違うと面食らう参加者も少なくないようだ。

「ひきこもり」的な何かとは一見無縁そうに見える人たちが中心的に関わっているし、当事者のためだけを目的としてもいないし、「課題の解決」をミッションともしていないからだ。

当事者が自助的に開いている集まりや、支援者や専門家が当事者のためにつくる場は、もうずっと以前からさまざまなものがある。そうした、濃い思いの取り組みがあちらこちらに存在してこそ、庵はプラットホームや交差点として成り立つことができると私たちは思っている。

庵は、そこに出入りしている人たちによってどんどん変わっていく。みんなそれぞれのやりたい範囲、こだわりに応じて、いてくれたり通り過ぎてくれればいい。参加の仕方・関わり方に「正解」はないと、私たちは思っている。

いつも現場に身を置かせてもらって感じるのは、ひきこもり当事者を問題があるかのように特別視して「支援」することが必要なのではない。他人を変えようと思っても、変えることはできない。まずは自分自身が変わることだ。

地域の中で孤立し、埋もれていた当事者たちが動き出すポイントは、これまでのような一方的な上下関係ではなく、みんながフラットな立場で未来の仕組みを一緒につくり上げていくことにある。

これから大事なことは、動き始めた当事者たちの思いを受け止め、望みを形にして構築していける場を周囲がつくり出し、守ってあげることだ。そして、地域に埋もれている社会資源を持つ人たちを掘り起こし、当事者たちと一緒に新たな仕事を創造していく、そんな関係性のできる場をサポートしていくことにある。

参加者たちがつくり出す新しい動きの中には、当事者たちの思いやアイディアを形にした「ひきこもり大学」や「ひきこもり新聞」、お互いに気持ちの理解できる経験者たちで学習し合い、助け合って生きていこうという「ひきこもりピアサポートゼミナール」などがある。

二〇一七年には、庵に毎回参加していたプログラミング運営会社の佐藤啓社長（四五歳）が、共鳴した当事者たちと一緒に、株式会社「ウチらめっちゃ細かいんで」という当事者主体で業務に携わる会社を立ち上げた。

また、同年一二月には、築約一五〇年といわれる古民家で開催された庵の一角で、「G

ＨＯ」（世界ひきこもり機構／Global Hikikomori Organization）が設立された。この日のセッションでは、ヨーロッパのひきこもり当事者らから寄せられたビデオ・メッセージが上映され、「日本と外国の違い」「ひきこもりと国民性、地域性」「ひきこもりは国境を越えて、どのようにつながりあえるか」などの話題に花が咲いた。そして、「ひきこもり大学」海外キャンパスの可能性、海外でのひきこもり体験留学、「ひきこもりオリンピック」を開催して、「どの国のひきこもりが、いちばん長く寝ていられるか」「親戚が来たときに、どれだけ長くトイレを我慢して部屋にひきこもっていられるか、を競う」といった競技内容が考案されたという。

さらに同年一二月、「ひきこもり新聞」の実務を担っていたメンバーたちが、新しいメディアである「ＨＩＫＩＰＯＳ」を立ち上げた。「ＨＩＫＩＰＯＳ」とは、「ハフィントンポスト」の「ハフィポス」からヒントを得たそうで、一二月二三日に開かれた編集会議には約三〇人が集まり、当面はＷＥＢ版を展開しつつ、二〇一八年以降、年に二〜三回、冊子を出版、二〇一八年二月一五日の創刊号では、「当事者が語る　なぜ引きこもったのか」特集を組むことなどが話し合われた。

これによって、「生きているだけでいい社会」を訴えるジャーナリズムの「ひきこもり新聞」と、経験者それぞれの手記にこだわる雑誌「ＨＩＫＩＰＯＳ」という、ふたつの当事者性を持ったメディアが誕生。読者も発信する側も、媒体を選べる時代がやってきたのだ。

こうして当事者たちが自らの生きた言葉で発信を始めた今、いったい私たちはどこに向かおうとしているのか、とても楽しみな状況になってきている。

第一〇章　あとがきに添えて～命を絶った柴田さんとのこと

社会福祉協議会の本音

序章の命を絶った柴田さんの話に戻る。

リーマンショックの影響で契約の更新が途切れて以来、社会との関わりを閉ざし続け、格安の事故物件を転々としてきた柴田さんは、貯金のなくなる「3～4カ月後に死を考えている」と、メールで予告してきた。

初めて会った日の夕方、社会福祉協議会（社協）の融資担当職員を取材した都心のラウンジに、柴田さんにも同席してもらった。

社協では、生活困窮者に対して、生活費の融資などを行ったり、それぞれの自治体での制度を紹介したりしている。以下に紹介するのは、生活困窮者自立支援法が施行される前のやりとりだ。

私たちは基本的に、お金は借りないで生活できればいい。債務がある人は、今後、借金を返せなくなり、自己破産のリスクが高まる。しかし、一方で、自己破産してもらった人のほうが、お金を貸すことができるという。それが今の公的制度なのだと、社協の職員は説明する。

でも、誰もが、自己破産しないように頑張って借金を返し続けているのが、現実だともいう。

「多くの人は、債務を返せると思っている。でも、どう聞いても、収入に見合わない。その後の情報漏えいや就職への影響もなく、自己破産後の支援制度もあるのです」

そんな社協の人の話を聞いていた柴田さんは、なぜ自分が自己破産をしないのかの理由を語り出した。

「まさに私の親が、借金抱えた状態で自己破産できない職種のバイトを続けていきます」

社協の担当者によれば、自己破産すると就けない仕事でも、ある程度の額を一定期間返す債務整理なら就き続けることができるという。

生きていく上で必要な術《すべ》は、実に複雑だ。公的な融資制度も種類があり、それぞれ条件が違い、窓口も違う。自治体の独自制度もある。窓口の担当者の質の違いによって、案内できる制度も変わってくる。いまだに民生委員との面接が必要な制度もある。

「社協でお金を貸せなければ生保（生活保護）になる。その最後のセーフティーネットである生保の額も削減される方向にある。基本的には、働いて自分で稼げということ。稼げない人には、補てんする制度が用意されていない。努力不足なのだから仕方ないよね、という空気をとても感じますね」

そう社協の職員は、私たちに打ち明ける。

どのような事情があったにしても、自己責任の原則が課せられるのであれば、公的資金ハンドブックのようなものができるといいのではないかと、筆者は思った。自治体は、なかなかつくりたがらないが、情報を知られて悪用されるリスクよりも、情報が届かなくて困るリスクのほうが、はるかに高いはずである。

生保の受給率が低いのも、生保を受給することへの家族や本人の抵抗感だけでなく、本来使えるはずの遮断された人たちに、選択できるような情報が十分に届けられていないからではないのか。

生きることに行き詰まった人たちを総合的に支援することを考えたときに、これまでの制度は縦割りになっていて、複雑な課題を抱える当事者のニーズに寄り添えずにきた。二〇一五年四月の生活困窮者自立支援法の施行後、支援相談対象者の年齢などによる線引きはなくなったものの、多くの自治体では現場の担当者の裁量に任されているのが実態だ。制度に基づく対応は、自治体や担当者によって温度差があり、まだ多くの窓口では理解や意識改革が進んでいない。

人は、社会との関係性が遮断されていると、今、目の前で会っている相手が唯一の接点かもしれないと思う。当事者にとっては、勇気を出して、この接点にたどり着くまでのプロセスが大変だったのに、「うちはこれしか対応できない。あとは〇〇に行ってくれ」と言われてたらい回し状態にされ、社会に絶望して諦めざるを得なくなることも少なくない。

また、制度が複雑であれば、対象者には使いづらさも高まるし、誰ともつながっていないような当事者にとっては、ますます情報が届かないことになる。

「悪知恵の働く人間でないと、利用できない制度なんて……」

筆者と一緒に話を聞いていた柴田さんが、ふとつぶやいた。

これまでの支援の枠組みでは、働ける人が前提になっていて、そこからこぼれ落ちた人はおこぼれでいいという仕組みや意識になっていた。

「本当は勉強しなくても、社会に当たり前にあるものとして、もっとシンプルに使える制度でなければいけないと思う」

社協の職員も、そう明かす。

「自分には生活保護しかない」という無用な恐怖感も高まる。

当たり前とされていることができなかったとか、会社や世の中に合わせられなかったとか、そんなことが何十何百と繰り返されれば、どんどん自分のエネルギーをすり減らして、メンタル的にも落ちていく。

不思議な感覚の有意義な一日

社協職員との面会の翌日、柴田さんからメールが届いた。

昨日はありがとうございました。人と言葉を交わし笑うことは、やはり楽しいものでした。同時に、お会いした皆様や街の人々のエネルギッシュさに対して、普段の隠遁生活では感じない、劣等感や疎外感を感じたのも事実です。

（中略）

「家族愛」「責任」「糾弾」的なスタンスと思い込み、条件反射的に敬遠しておりました。内容を誤解していたようです。大変失礼いたしました。渋谷の会談ではラウンジの雰囲気が合わず、ほとんど言葉が出ませんでしたが、興味深く拝聴しました。「たとえ被災であろうと、個人的理由であろうと、いま困窮していることに変わりはない」役所サイドの方から、このような意見が聞けるとは驚きであり、同時に嬉しく思いました。私は、「金は天下の回り物、たかだか月10万程度の再分配でケチケチするなよ」と考えています。他にも思うところがありました。

「３０００社の面接に落ちた」「ブラック企業で寝ずに働いて精神が壊れた」数字は極端ですが、多かれ少なかれ聞かれる話です。苦しむ当事者の方に難癖をつける気はありません。しかし、こういったエピソードは取り扱いを間違えると、社会の思う壺となって、更にハードルを上げてしまいます。

いずれは「数百社の不採用で音を上げるのは甘え」「早朝から午前様勤務なんて当たり前」「抗うつ剤という名のヤク漬けになって一人前」こんな常識が幅を利かせる時代になりかねません。私自身も、いつのまにか罠に嵌《はま》っていた気がします。自分を責めない、不幸の比べっこをしない。様々な問題から回復した当事者が、常識とされるものを笑い飛ばす。こういった意識の変革も必要なのかなと思いました。不思議な感覚の有意義な1日を過ごせました。あらためてお礼を申し上げます。またお会いできれば幸いです。

以来、柴田さんとはメールでやりとりを続けた。その間、数回にわたって、実際に面会もした。

自分と同じような状況にある仲間と交流したいという意向もあり、その頃から広がり始めていた「ひきこもり大学」などの当事者活動につなげられれば、講師として社会に貴重な情報発信をしてもらえるのではないかなどと、筆者は当時、考えていた。

柴田さんとのやりとり

以下は、柴田さんから届いた膨大な量のメールの中から、一部のメッセージを日付順に抜粋した。

◎五月一七日

私はこの社会を、宗教じみた集団と捉えています。「同じ方向を向かない」「お布施が足りない」人間は排斥されます。日本人は無宗教なのではなく、ご立派な信者の集まりだと思います。海外の宗教コミュニティに救われた方は、ご自身を人格障害と称していました。常々、人格障害って酷《ひど》い言葉だなと思っています。〝いきすぎた社会〟は、持って生まれた性格まで線引きしようとするのですね。寒気がします。新興宗教を信仰するご家庭も、私の家庭も似たようなところはあると思います。勝手な教義で子供を洗脳するわけですから。混乱して当然です。あらためて家庭というのは、厄介な連帯責任システムだと感じました。

「自身が業者となる」

今時のツールを活用した具体策と展望には感心させられました。ただ正直、私のような社会への不信感と警戒心の強い人間には、二の足を踏む内容でした。

◎五月二〇日

２００７年頃、当時やっていた派遣の業務は、いつ縮小、閉鎖されてもおかしくない状態でした。１９９３年頃から、程度の差はあれども途切れずに収入を得てきましたが、さすがにこの時ばかりは、次の仕事に就けるとは思えませんでした。

「しばらく引きこもるんだろうな……いや、むしろ引きこもりたいな……」

そんな風に考えていましたが、実情はそういう訳にもいきません。〝父親がアルコール依存となって以来、家の中では静かな時間が過ごせない〟これには、長い間悩まされてきました。たまたまその当時は、私と父親の勤務時間が異なっていたため、事なきを得てきましたが、下手に顔を突き合わすような状況となったら、今度こそ衝突して、場合によっては刃傷沙汰にでもなりかねない。そんな不安に迫られて、独立を考えるようになりました。幸い、定期収入と多少の蓄えもあったので、思い切って踏み切った次第です。当初は、実家から自分ひとりが逃げ出す事へ、強い罪悪感を持っていました。母親へ毎月仕送りをして、自身の生活費も切り詰めて貯蓄に励みました。（約款上は）自殺でも死亡保険金が下りる保険に加入したのも、この時期でした。結局、積年の願いでもあった、静かな環境は手に入りませんでした。私が最初に選んだ、築40年超えの古い団地は、音漏れこそ無いものの足音や子供が暴れるなどの、建物の躯体《くたい》に響いてくる振動音の酷い環境でした。次第に睡眠障害も酷くなり、ノイローゼ状態となりました。病院にも行けず（前述した保険の関係で、精神科通院を警戒した為）。蓄えがまだまだあったにも拘《かかわ》らず、極端な倹約意識で引越しもままならず。その後、ほぼ新築レベルの（事故）物件に移ることも出来ましたが、既に、神経過敏となってしまったせいか、なおも苦しみ続けました。現在の部屋には、半年前に逃げるように引越しをしてきました。最上階／角部屋という好条件にも拘らず、今でも耳栓を多用しています。

私が住処《すみか》として選んだのは公団の事故物件です。選択した理由は以下の通りです。

・保証人の不要。
・一定期間の家賃軽減。
・瑕疵《かし》物件である。
「自分は最後に自殺するんだろうな」

10代の頃から、漠然と考えていたことです。年を重ねるに連れ、環境や条件に迫られることで確信に変わりました。自殺するにあたって、気になるのは成功率と後始末の件です。人が訪ねてこない自宅、保証人という人質もいない。お役所仕事の公団運営で、そもそも直近に別の方が亡くなっている。此処《ここ》は「死に場所」に適しているのではないかという考えがあります。


私は、生活保護受給に抵抗がある訳ではありません。

しかし、仮に受給した場合「死に場所」と「後始末代(保険)」を手放さざるを得ないこと。これにには抵抗があります。これらは私が蒔《ま》いてきた種であり、ある意味心の支えでした。何事に対しても折り合いがつかなかった、私ができることは、ひとつの「成れの果て」を提示することくらいのような気がします。

この頃、大阪市で「最後におなかいっぱい食べさせられなくて、ごめんね」というメモをマンションの部屋に残し、当時二八歳の母親と三歳の子どもが亡くなった姿で発見された事件があり、話題になっていた。

◎五月二八日

大阪の餓死事件については、いろいろ思う所がありました。

「苦しかっただろうな」「辛かったろうな」と悲しく思う反面、「これで楽になれたのかな」「おつかれさま」といった労《ねぎら》いの気持ちもあったりします。〝このような親子が救われる〟仕組み造りは、間違いなく必要です。一方で、〝このような親子でないと救われない〟仕組み造りなら、ひきこもりや就業困難者にとっては大して変わりません。下手すれば、もっと締め付けが厳しくなるだけかもしれません。同じ困窮している者同士に、線を引き、いがみ合わせ、叩き合いをさせるのが、この社会のやり口だと思います。いま、セーフティーネットに新たな線引きが加わることを危惧しています。常々、セーフティーネット（網）と称する以上、様々なものが引っかかってくることは、当然ではないかと考えていました。仮に、余計なもの（不正受給とされるケースなど）が、網に引っかかってきても、それは個別に取り除けば良いこと。網を小さくしたり、網の目を粗くするなど、本末転倒もいい所だと思います。

二〇一八年四月、兵庫県三田市では、四二歳の長男を一六歳の頃から二五年間、プレハブの檻《おり》の中で生活させていたとして、父親が逮捕された。長男には精神疾患があったとみられ、「長男が暴れるから閉じ込めた」と父親は説明しているが、市の担当者にも相談していたという。一方で、市の担当者は「今とは時代が違い、当時の対応に問題はなかった」とメディアの取材に答えている。

これらの出来事は、前年末に発覚した大阪府寝屋川市の両親が三三歳長女を十数年間、簡易トイレのあるプレハブに閉じ込め、カメラで監視していた事件や、「ひきこもりでは困る」などと追いつめられた三八歳長男が祖母ら五人を殺害した鹿児島県日置市の事件にも通ずるものがある。家に働けずにいる人がいると恥ずかしいという空気に家族が覆われ、本人の存在を隠して責め立てていく、そんな周囲の環境による「社会的監禁」は、今もまだ続いているのだ。

柴田さんは、こう自らを分析する。

私は、典型的な「回避性人格障害」です。自分の知らない〝第三者〟が苦手です。すでに安心感を得られた相手、紹介を受けている相手なら多少饒舌《じょうぜつ》にもなります。しかし知らない人に対しては、声をかけられませんし、目すら合わせません。不特定多数の人間に、自身の経歴を明かすことにもためらいがあります。

「デリバリーひきこもり」というアイディア

この日、柴田さんと都内のカフェで待ち合わせた。二度目の面会だった。

しばらくうつむいて黙っていた柴田さんは、「派遣型対話（対面）サービス」のアイディアを筆者に教えてくれた。

これは、家庭訪問する側の当事者などを登録して、プロフィールをリストアップ。サービスを受けようとする利用者に、訪問してもらいたい人を選んでもらおうという事業案だ。「訪問する側の当事者のプロフィールなどをリストアップして、客が指名する。訪問を受ける当事者の方が、この人と話をしたいと希望したら、その人を派遣しようというものです」

つまり、「デリバリーひきこもり」（デリひき）だ。

柴田さんは昔、支援者から家庭訪問を受けたことがあった。しかし、相性が合わなければ、会うことが苦痛になり、何の意味もないという。自分の人生を委ねる相手なのに、なぜ支援される側が支援する側を選べないのか、かねがね疑問に思っていた。

そこで柴田さんが考え出したのが、「派遣型対話（対面）事業」である「デリひき」サービスのアイディアだった。

ただ「対話」事業にしてしまうと、話が苦手な人は受けられないので、「対面」するだけでもいいように「対面事業」も含めた。

また、柴田さんによれば、この事業案は応用も利く。対象は、ひきこもり当事者だけでなく、ひとり暮らしの高齢者もターゲットになる。サービスを受ける高齢者たちは、「ひきこもりの人のリハビリ代わりになるのだから、自分が寂しくて利用しているのではないんだよ」などと言い訳にもなるという。

当事者たちは、これからピアサポーターとしての役割も担えるし、自分が家庭訪問を受けたいとき、支援者をプロフィールなどから選ぶこともできる。まさに、お互いがウィンウィンになる事業案だった。

◎五月三〇日

（前略）以下「派遣型対話（対面）事業」に関して、補足したいと考えていた件です。

この時勢に高齢者を相手にする場合、警戒されるのは詐欺や押し売りです。「ひきこもり」は、そういった輩とは程遠いイメージであることも有利な気がします。当事者である自分が、偉そうな第三者目線で語っているのは滑稽です。いま全てにおいて現実感が無い為、そういった目線になるのかと思います。

筆者は当時、このアイディアについて「ひきこもり支援」業界で家庭訪問を担当している何人かに話をしたところ、一笑に付されて終わった。誰も何も言わなかったが、当事者という〝支援の素人〟は口を挟むなということだったのかもしれない。でも、今振り返ってみれば、柴田さんは本気で考えていたのだ。

◎六月二日

（前略）家庭の状況は最悪の状態に陥ったようです。父親のアルバイトが今月いっぱいで終了。これまでは債務整理して、騙《だま》しだましの返済を続けてきました。しかし両親とも、基礎年金程度の収入しかない為、さすがにもう無理でしょう。自己破産しかありません。さらに問題なのは、父親が24時間家にいる状況です。アルコール依存の父親は、アルバイトのある日のみ酒を断っていました。しかし帰宅後や休みの日は、途切れることなく酒を飲み続けます。アルバイトのスケジュールを失った後どうなるかは、火を見るより明らかです。３年前に会った際、母親に厳しい現実を突きつけました。少しでも変わっていてくれたらと、一縷《いちる》の望みを託していましたが、母親の意識は何も変わっていませんでした。

きょう私は、自分の母親を罵り怒鳴りつけました。中学2年からずっと惨めで苦しかった人生について。先日購入したロープを指差し、この先自殺することも。相続放棄の手続きや保険金の受け取りについても。全てぶちまけました。どうしてこんな関係になったんでしょうか。なぜ「久しぶりだね」なんて笑い合えないんでしょう。社会が憎いです。連帯保証なんて人質制度も。アルコール漬けの気狂い（原文ママ）を放置することも。子供が子供を産み育てることも。人生にブランクが許されないことも。カネが全てを引き裂くことも。そして、すべてを己と家族の責任にすることも。安心してください、矛先は自分に向けますから。残念ながら私は「ひきこもり」で悩めるご身分では無かったようです。分かり合えるのはきっと「死に行く人」の気持ちだけです。

◎六月二二日
ここ最近、電話やメールで実家の問題を話し合ってきました。今日も、電話で母親を激しく罵倒しました。問題意識の低すぎる母親に、自分でも信じられないくらい激高しました。これまでは家庭内暴力の話を見聞きしても、自分とは無縁と考えてきました。しかし、こういった感情が抑えられなくなったら、起こりえるのではないか。実家を出て独立したことは、正解だったのかも知れません。最近、母親はある種の精神障害ではないかと考えています。父親からの精神的支配が大きいのは事実なのですが、それを理由に多くの危険を「放置」してきました。もう20年近く抱えてきた金銭問題も、アルコール依存症も、まるで他人事のように言葉を濁すのみです。イレギュラーな出来事はすべて放置、物事の優先順位がまるで理解できない。この人に、育児は出来ても教育は出来なかったのでしょう。

すべてが来る所まで来てしまった今、家族皆で協力して問題解決を図れないか。ここ最近、そんな甘っちょろいことを考えていました。金銭的な意味でも最後のチャンスだったのですが、叶《かな》わないようです。これを最後に、実家の問題から手を引こうと思います。思えばここ20年近く、実家の問題解決=自分のアイデンティティとしていた気がします。中学2年から意味を失った人生を、妙な使命感で埋めようとしていたのかもしれません。

結局、より多くの喪失感と、もはや立ち行かなくなった人生が残りました。

「ひきこもり大学」開講に向けて

六月二四日、柴田さんがかねて望んでいた「ひきこもり当事者オフ会」を企画し、こっそり開催した。柴田さんは、筆者の呼びかけで集まった参加者たちとはあまり交わらず、口数も少なかった。ただ、言葉を交わさなくても一緒にいるだけで通じ合っているのか、楽しそうにしているように見えた。

今日はありがとうございました。あと少しだけ、悩む時間があることに安堵《あんど》しています。飲み会のほうは、うまく話が出来たとは言えませんが、ところどころで気遣いが感じられ、良い気分で帰ることが出来ました。なにか事前に根回し（？）でもしていただいたのでしょうか？　同時に「この手の会合は難しいな」と感じたのも事実です。会話をリードする存在は絶対に必要だと思いますが、独演会は困ります。あまり話をしていなかった方々の感想が気になります。

このオフ会で、柴田さんへの根回しは、まったくなかった。他の参加者からも「楽しかった」と好評で、当事者から「一カ月ごとに開いてほしい」という具体的なリクエストまで出されたため、オフ会は七月下旬に再度、開かれることになった。ただ、「独演会」という表現が気になったので、柴田さんにメールで尋ねてみた。

一方、この頃、前章で紹介した「ひきこもり大学」の発案者らが、ひきこもり経験者たちと打ち合わせし、ひきこもり大学の試験的な実施に向けた会合を開こうとしていた。

◎六月二八日

かねてから「ひきこもり」というカテゴリーは、幅が広すぎると感じてきました。今回の会合のように世代を限定したものでも、そこは拭えませんでした。（参加者の素性が全くわからなかったせいもあるのでしょうが）現場で出会う当事者達には、どうしても違和感を覚えます。早い話が〝身分の違い〟を痛感させられるのです。経済的基盤や後ろ盾のある人間とは、抱えている問題が異なる。どちらが大変などと優劣を付けるつもりはありません。

ただ、〝飼い犬〟と〝捨て犬〟では、悩みの質が違うのでしょう。先日、池上さんが発した言葉で、印象的だったものがあります。

「インターネット経由で接する当事者や家庭に、経済的問題が隠れていることが多い」

（肉体的にも社会的にも）死に繋《つな》がる、経済的問題が有るか無いか。「ひきこもり」は、ずいぶん格差の大きいカテゴリーのような気がします。冷水を浴びせるような内容になってしまいました。「経済的問題を抱えたひきこもり」こんなテーマなら、喜んで馳《は》せ参じるのですが。

七月一六日、「ひきこもり大学」準備のための会合は、発案者から次のような趣旨の呼びかけで、柴田さんも含む十数人が参加して行われた。

ヒキコモリ革命

「ヒキ塾」開催!!

ヒキコモリ先生、塾生募集!

下記について話し合いませんか?

目的:ひきこもっている人たちの「空白の履歴」の新たな価値を世の旧世代の方々にも学んでもらう貴重な?機会をつくるとともに、コモリストである当人たちが先生になって収入または交通費等をその場で稼ぐ新しい体験をしませんか?

先生:ひきこもり当事者2~5人の御言葉♪

進行役として、コーディネーターもつきます
先生は、自分の得意分野または専攻学部、授業の演題を事前にコーディネーターと相談してください!!

授業:1人10分~20分、盛り上がったら延長あり♪

(一方通行な話にならないように)質問もとって対話形式にします
授業料:参加費百円とヒキコモリ先生のお話に対する外出支援金を寄付します♪

値を決める投げ銭方式や、基本は無料として質問権にお金を支払う案も検討していきま

す。
参加者：（当初は）10人～20人くらいで私塾のような雰囲気で行います♪
※予定者の授業が終了後、参加塾生の中からも希望を募って先生になってもらう（立場は問わない）
※掟…先生に対して批判はしないこと。尊敬するキモチをルールとして普及していきます♪

◎七月一七日
お誘いいただき、ありがとうございました。「声が上ずって出しづらい」「不特定多数の視線が気になる」これらの理由で、目を伏せて聴くだけになってしまいました。態度が悪く見えたかもしれません。失礼しました。ひきこもり大学のシステムについては、感じるものがありました。デリバリーの話が挙がった際に、当事者のプロフィール登録と公開という案を出しました。この辺りを絡めて、講演のリクエストに答える形でも面白いかなと思いました。今回は常々感じていた、ひきこもりという括りの中にある格差について、現役の当事者の方々が代弁してくれたことが印象的でした。会合終了後「あれのどこが引きこもりなんだよ」との声を耳にしました。思うに当事者サイドの不満だったのでしょう。私も〝ひきこもり業界人〟の多さには、内心苦笑いしていました。ひきこもりなんて、本来は社会のはみ出し者です。「ひきこもり大学」はそうならざるを得なかった人達の、数少ない手段や選択肢であってほしいと考えています。

八月四日、筆者は出張で参加できなかったものの、デモンストレーションとして、初めての「ひきこもり大学オープンキャンパス」が開かれ、ふたりの講師が登壇した。しかし、柴田さんは出席しなかった。

◎八月一二日

私は「ひきこもり」とは異なる者で結構です。「ひきこもり」をお題にした、お気楽な言葉遊びなど何も響きません。ただ様々な理由で、様々な縁を失った、そんな人達のリアルな声が聞きたいだけです。だいぶ乱暴になりましたが、本音で記してみました。思い込みや誤解があれば、指摘していただければと思います。

八月一三日、「思い、夢、希望、求めているものを話し合う」という呼びかけで、東京ひきこもり当事者交流会茶話会が開かれた。会場は、申し込み制による非公開で、「これまで家から外に出られなかった人や、話すことが苦手な方々に配慮した会」という注意書きが記され、柴田さんも参加した。

◎八月一四日

初めて、行ってよかったと思える会合でした。いろいろとお気遣いいただき、ありがとうございます。私は、少々感情が先走ってしまいました。不快だった方もいただろうなと、恥ずかしく感じています。●●さんにもよろしくお伝えください。●●さんのような世話焼きの方がいると、とても安心できます。それぞれ立場の違う参加者の皆さんでしたが、実体験に基づいたお話は時に興味深く、時に心を動かされました。話はちゃんと聞いてみないとわからない。当たり前の事が、やけに新鮮に感じます。

経済的問題に特化したひきこもり

八月二〇日、柴田さんの呼びかけで「生活困窮・生活保護分科会の作戦会議」を開き、数人が話し合いを行った。筆者の元には連日、経済的な事情で身動きが取れなくなっている当事者たちの声が、全国から寄せられていた。

◎八月二一日

本日はおつかれさまでした。あらためて、参加者募集の呼びかけ文を考えてみました。もし間に合うようでしたら、ご検討ください。

『経済的問題を抱えたひきこもり当事者による会合』

一般的なひきこもり会合ではなかなか話しづらい、「経済的問題」に特化した会合です。頼れる人がいない、蓄えも無い等、切迫した事情をお持ちの当事者の方を優先いたします。（将来への長期的な不安とは異なるものですので、その旨ご了承ください）

今日の会合は、一長一短でした。会話は楽しめました。常々考えていることを投げかけ、投げ返してもらうことが出来ました。皆さんそれぞれ抱えているんだな、わからないものだなと感じます。Aさんは結構アグレッシブなんですね。多少面食らいましたが、面白かったです。私の思慮に欠ける発言を、Bさんがきちんとたしなめてくれた事も印象に残っています。

一方、残念な点もありました。いちばん参ったのは、序盤の飛び入り（？）です。途中入室はただでさえ話の腰を折られます。大声での名刺交換などもっての外です。さらに自己紹介もせず、突然食って掛かるように質問をぶつけてくる。あれには正直キレかかりました。扱うテーマによっては、過剰なくらいのプライバシー意識も必要と考えます。知らない人間が次々に現れる環境で、落ち着いて困窮状況など語れるでしょうか。初めて参加する人は、それだけで気持ちが萎えてしまうでしょう。次回の会合ですが、以下の2点は譲れません。

・飛び入り参加は一切お断り。
・取り扱うテーマと無関係な、興味本位での参加もお断り。
関係の薄い場所にいちいち踏み込まないのも、ある種のマナーかと思うのですが、こういうのって狭量なんでしょうか。

二〇日の作戦会議は、会場非公開だったにもかかわらず、口コミで聞きつけてきた人が飛び入りで初めて参加。手作りの名刺を配り、自らの持論を終始、大声でぶつけてきたことが、柴田さんをひどくがっかりさせていた。

◎八月二三日
会合内容や要望について、簡単にまとめてみました。参加希望があるのかすら怪しい段階では、絵空事レベルなのですが。だいぶ個人的な意向に偏っています。追々で構いませんのでご指摘ください。

目的

会合のテーマを絞り込むことで、これまで参加をためらってきた方、疎外感や劣等感を感じてきた方を掘り起こしたいと考えています。

目標／展望

小規模な「体験発表」を通じて、様々な事情を持つ参加者間での相互理解と出会いのきっかけとなることを望んでいます。内容については、ビジネスやイベントのアイディアを話し合う等のいわゆる「ここから何かを発信しよう」的なことは考えていません。なお、あくまでも当事者会合ですので、各々の問題解決については支援者への橋渡し程度が限界となります。

参加して欲しい方

- 経済的事情で、選択肢の少ない境遇に置かれている方
- テーマに沿った話の出来る方

・具体的な対策案を示すことの出来る支援者や経験者の方

参加して欲しくない方

・下を見て安心しようとしたがる方

↓貯蓄や財産がある、再就職への展望が見えるなど。自覚の無い自慢話は厄介です。

・「困窮経験」はあっても、「ひきこもり経験」への理解が乏しい方

・テーマと関係の薄い、ひきこもり系会合への常連参加者

内容

・参加当事者は最大でも7~8人程度まで（支援者は除く）

・発言の機会を均等にするため、持ち回りの「体験発表」形式とする

・10~15分程度（参加人数による）の、「当事者その人」が主役となる時間を設ける

・各々時間の使い方は自由（ただしテーマに沿った体験談や意見）

・スピーチが苦手な方に対しては、他参加者からの質問や合いの手で話を広げる

- 持ち時間厳守、ただし本人の意向による切り上げは可

注意点

- 会合で話されたプライバシーに関わる内容は、一切口外しないこと
- 互いの不幸話や苦労話を比較、競争しないこと
- 参加者のプロフィールへの批判や説教をしないこと

懸念されること

- 具体的なSOSを求められた場合に、どのような対応が取れるのか
- テーマを絞った分、失業等の一時的なひきこもり当事者の参加が増えるのではないか
長期ひきこもり当事者への偏見や、温度差が際立つのではないか

こうして柴田さんの呼びかけによる『経済的問題を抱えたひきこもり当事者による会

合』は、九月五日の開催が決まった。告知の文面は、柴田さんの意向で次のように記し、ダイヤモンド・オンラインに掲載した。

「一般的なひきこもり会合ではなかなか話しづらい、「経済的問題」に特化した会合です。頼れる人がいない、蓄えも無い等、切迫した事情をお持ちの当事者の方を優先いたします」（将来への長期的な不安とは異なるものですので、その旨ご了承ください）

参加費無料　完全申込制・飛び入り参加不可

二転三転の末に

八月二五日、筆者は柴田さんに、ダイヤモンド・オンラインの告知を見た読者から寄せられたメールを転送。どのように返事をしたらいいのか、指示を仰いだ。

内容を確認いたしました。点線内が回答になりますので、コピーしてお送りください。

こちらの方ですが、状況がさっぱりわからないので、聞き取りをお願いしてもよろしいでしょうか？　現時点では、極力傷つけないようにやんわり断っています。何度も何度も作り直して、これだけで2時間以上かかりました。

はじめまして。「経済的問題を抱えたひきこもり当事者による会合」の呼びかけをいたしました、●●と申します。こちらの会合へ興味を持っていただき、ありがとうございます。お送りいただいた内容では情報が少なく、ご参加についての判断はつきかねます。今回の会合、具体的な内容は参加者様次第となります。想定されるキーワードとしては、「親の死」「親の借金」「高額医療費」「生活費が無い」「住居を失う」「自己破産」「生活保護」「自殺」etc……これが全てではありませんが、こういった〝重たい〟境遇を話せるような会合を望んでおります。もちろん実体験に基づいた話であることが、前提です。

いちばん避けたいのは、参加者様同士の温度差で、互いに不満を抱える事です。もし「こういう会合で話がしたい」とお感じになられたならご自身の状況について、池上さんと少しやり取りしてみてください（プライバシーに関わる内容は、当方へは転送されませんのでご安心ください）。

以上、よろしくお願い申し上げます。

◎八月二八日
ひきこもり業界の悪癖の一つが、イベント先行／至上主義だと思います。経済的基盤を持った、活動的でお喋《しゃべ》り大好きな皆さんならそれも良いでしょう。しかし、私が対象と考えているのは、それと対極にある人達です。まるで具体性の無いイベントに、足を運ぶ余裕なんて無い方々です。今回の呼びかけも、数ヶ月前の私だったら「なんの役に立つんだよ」と一笑に付したのではないかと想像します。主催者の存在が見えづらい事も、不安に拍車をかけることでしょう。

その後も、ダイヤモンド・オンラインの読者からの問い合わせは数多くあったものの、結局、柴田さんは、九月五日の会合を流会にした。

◎一〇月一二日

先日、車を売却しました。手続きは実家の人間が行い、全額私が受け取る予定です。また、つまらない延命をしてしまいました。車内での硫化水素自殺というのが、ひとつの選択肢だったのですが、それも立ち消えとなりました。主婦の方からのメール、拝見しました。御自身のアイディアを共有しようとする事には、頭が下がります。経済的基盤を別に持っていて、小遣い稼ぎや家計の足しくらいで良い。そういった人には、有益な情報でしょう。（社会の）椅子取りゲームに、どうやって参加するか。復帰するか。ひきこもりを称する皆さんの興味は、やはりこういった所にあるのでしょうか。私は、椅子取りゲームに参加したくありません。ゲームの必勝法にも、もはや興味はありません。そもそも、もう多くの参加者が楽しめる物として成り立っていないのでは？ 足の折れた椅子や、釘《くぎ》の飛び出た椅子を指差して「選ばなければ椅子はあるじゃないか」なんて言ってるくらいで。

参加者がいる限り、椅子取りゲームは終わらない。馬鹿らしい競争など止めて、皆で交代して座ればいいのにと考えています。競争すること、他者より少しでも先んじること、それが正しいとされることが大嫌いでした。スタート地点も能力も条件も人それぞれ違うのに、同じ競争を強いられる。ここに不条理さを感じてしまう私には、社会生活など難しいのでしょう。シレーっと適当に生きることが理想でした。今は、シレーっと適当に死ぬことが望みです。

◎一〇月一三日

「努力目標」や「周囲の認定基準」がインフレ状態となっているのが現代の社会ではないかと感じます。休息が取れないような苦労を誇りとするよりも、馬鹿げた労働環境を笑い飛ばせないものだろうか。仕事が大変だというなら、一部を誰かにシェアすれば良いのではないか。「社会とはこうあるべき」「こうでなくては社会が成り立たない」が人に圧力をかけ、弾き飛ばしているなら、本末転倒のような気がします。アフィリエイトの件で、思うところがありました（メールを寄せてくれた方に限定した話ではありません）。一般的な主婦やニートにとっての月に数千円という収入は少なくとも生活の上で必須な金額だとは思いません。所詮は余暇や趣味の幅が増える程度の話だろうと想像します。一方で数千円の生活費に困窮している人が存在します。生活保護費の減額も実施されました。皆の「もっと欲しい」「もっと必要」が積み重なった結果、どこかの誰かにしわ寄せが行く。暇をもてあました人達が、増え続けていると感じています。ひきこもり、ニート、高齢者、失業者、主婦、パートタイマー、etc……。そういった人達が、また小さな椅子取りゲームを始めてしまう。そんな、〝隙間の無くなった〟社会に幻滅しています。弱者面や被害者面も出来ない。社会のお墨付きも無い。アウトローにもなれない。時間が解決することも、快方に向かうことも無い。生きづらいではなく、生きていくことを許されない。「経済的問題〜」は、〝自称弱者〟をブロックするフィルターに過ぎません。別に会合として成立しなくてもいいんです。社会からはみ出して絶望している人達に、声が届けば、反響があればそれで良いです。

◎一月三〇日

本来なら昨秋で蓄えが尽きるところでした。名義上所持していた車の売却が可能となった為、少々の延命となった次第です。昨年末、現在住んでいる事故物件の、家賃半額期間が終了しました。家賃は倍増、敷金の追納で十数万円の支払いを終えたところです。さすがに蓄えの底が丸見えとなりました。UR賃貸には、現在の家賃より安いUR物件へ転居する場合は入居審査を行わないという制度があります。引越が急務なのでしょうが、騒音地獄が予想される低家賃物件への転居に踏み出せないというのが現状です。

私はいずれ自殺します。早ければ翌月、もしかしたらまた無駄な延命をするのかもしれません。成り行きに任せています。恐怖も感傷も罪悪感もありません。いま一番の悩みは、後始末の件です。どれだけ部屋の汚損を少なく出来るか、どの程度の賠償請求が来るのか相続放棄の手続きがうまくいくか、死亡保険金は下りるか……。あらためて、すべてはカネなんだなと感じます。自殺の抑止なんて所詮「逃げたら家族が酷い目にあうぞ」程度。人質で縛り付けるしかない、監禁か牢獄みたいなものとしか思えません。悲しく苦しいのは〝死〟ではなくて、そこに至るまでの〝生〟と考えています。

自分が正しいなんて思いません。かといって間違っているとも思えません。ひとつ言えるのは、誰とも分かり合えないということ。会合の告知、長い間掲載させてすみませんでした。私への気遣いならば取り下げていただいて構いません。

◎二月一日

昨日の今日なのですが、転居先を決めてきました。2ヶ月くらいは暮らせそうなので、それから決行しようと思います。家賃の上限額をオーバーしている為、生活保護という選択肢も無くなりました。なんだか、清清しています。くだらない人生だった。

誰かと話をしたい、時折そんな気分の時があります。時間は少しあります。交通費くらいはまだ出せます。でも、不真面目に生きてきて、不真面目に死を望む自分は、もはや誰とも噛み合わないんだろうなと、我に返ります。

二月に入ると、柴田さんは突然、当初の呼びかけから、だいぶ時間が経ってしまったものの、この年の二月～三月中に、経済的問題を抱えた当事者の会合を開催したいと言い始めた。

◎二月一三日

お忙しい中、ご連絡ありがとうございます。会合のほうですが、一度やってみようかと思います。私自身のリミットは、３月いっぱいです。あとは別の方にお願いしようと考えています。もし参加者からの要望があれば、生活保護経験者の方も来ていただきたいです。

◎二月二一日

月曜日に引越しをしました。連日、過去最悪の騒音地獄に苦しめられています。ツキのない人生は、どこまでも罰ゲームです。先日、家族にメールを送りました。近いうちに自殺をすること。煩雑な後始末が必要となること。事実上、家族からの承諾を得られました。（中略）馬鹿な親だったと思います。でも、私だって元々いい加減な人間です。カネの問題が無かったら、馬鹿者同士仲良くやれたのかな。家族って奴を、こんなに憎まなくても良かったのかな。そんな事を考えながら、来る日を待っています。

厚労省は二〇一八年度、「就労準備支援・ひきこもり支援の充実」費約一三億円を計上した。

その支援策の柱のひとつが、ひきこもる人や中高年齢者などのうち、ただちに就労を目指すことが困難で、家族や周囲との関係が希薄な生活困窮者に対し、家庭訪問（アウトリーチ）などによる継続的な個別支援を重点的に実施するという「就労準備支援事業」だ。

この事業は、地域において、対象者がなじみやすい行事や商店街、社会福祉法人、企業などの就労体験先を開拓、マッチングする取り組みを推進するというものだ。任意事業のため、市町村が手を挙げることによって、国は事業費の三分の二を補助する。ただ、二〇一八年現在、実施している自治体は、半数にも満たない。

他の大きな三つの柱は、都道府県や指定都市に設置された「ひきこもり地域支援センター」への加算などによるバックアップ機能強化、訪問支援体制強化や、対象に都道府県だけでなく市町村の担当職員も含めた「ひきこもりサポーター養成研修」、市町村向けの

「ひきこもりサポーター派遣事業」と「情報のプラットホーム」「居場所」づくりで、これらはいずれも国の補助率が二分の一ずつになる。

中でも、地域で孤立した当事者や家族の多くが望んでいる、就労の前段階での支援である身近な社会資源の情報などのプラットホームの構築や、同じ痛み、悩みを抱えてきた当事者グループ、家族会と連携した居場所、相談窓口づくりへの支援などが盛り込まれていて、これらの内容は、当事者家族会の訴えてきた切実な声が反映された形となった。

また、「ひきこもりサポーター養成研修」については、ひきこもる人の気持ちや特性を理解し、ひきこもることも否定しないで社会とつなぐことのできる人たちを地域でどれだけ育てられるかが、「８０５０問題」の噴出に直面した自治体の喫緊の課題として、問われていると言える。

とりわけ身近な市町村が二〇一八年度、これらの事業に手を挙げ、地域に情報や資源の選択肢を増やしてもらいたいと、家族会や支援者らは期待している。

一方で、内閣府は二〇一八年度、四〇歳から五九歳を対象にした初めてのひきこもり実態調査を行い、早ければ同年一二月にも、結果を公表する予定だ。

これまで国レベルのエビデンスがなく、見えにくかった中高年層のひきこもり状態の人たちがどのくらいいるのか、本人や家族の就労や生活状況、外出の頻度、ひきこもるきっかけ、抱えている課題などを把握し、今後の支援施策に反映させようというもの。四〇歳以上の調査のため、ひきこもり期間については、これまでの三九歳までの調査項目で上限だった「七年以上」をさらに細かく分けるという。

さらに、対象者の性別についてはいわゆるLGBTなどのセクシュアルマイノリティーもひきこもり層の一定の割合を占めることから、「男性」「女性」以外の選択肢も設けることや、これまで顕在化しにくかった「ひきこもり女性」にも配慮し、「自宅で家事・育児すると回答した者を除く」という定義の見直しなども検討中という。

長い間、「現状を打開したい」「自立したい」などの意向がありながら、情報がなく、どうしていいのかわからなかった当事者たちにとっては、ようやく社会へのひとつの道筋が見えてきたといえるのかもしれない。

「支援の入り口」でのすれ違いをなくすためには、制度づくりの過程で、当事者や家族に丁寧にヒアリングするか、一緒に委員として入ってもらうなどして、当事者や家族が抱える課題や、求めているニーズに寄り添えるような枠組みづくりが求められていると思う。

弱者が這い上がれない社会

三月八日、会合はようやく実現した。

筆者は柴田さんと半年ぶりに面会し、参加者も四人で、のんびりした空気の中で行われた。

しかし、このときが柴田さんの最後の姿となった。

「自己紹介で、私は何とか病ですとか、何とか障害ですとか、いじめに遭っていましたとか、この業界特有の肩書きにされていくのであれば、現実社会でやってほしい。リアルタイムで、みんながどういう生活をしているかを聞きたかったんです。でも、過去のつらかった話とか病気の話とかは別にやったらいいと思う。僕がどうしてもやりたかったのは、そういうきっかけの中で、つまずいて転がり落ちて、今はどんな状態で苦しんでいるのかを訴える会をやりたかった」

「線引きをしない人と、話をしたい。病気の人はいいけど、そうじゃない人は健常者だよねという人とは、永遠にわかり合えないと思っている」

柴田さんがかねがね言っていたのは、当事者たちが語る課題のひとつでもある「居場所格差」の問題だ。雑談や人間関係が苦手な人ほど、居場所にいる利用者たちの輪に入っていけない。

特に「ひきこもり」状態などの社会的孤立状態が深かった人にとっては、居場所の手前のようなものが必要だ。

弱者になると、どんどん弱者にされていく。一度、弱者に落とされると這い上がれなくなる。公的な人たちも守ってくれず、一緒になって責められたり、傷つけられたりする。そんな国民性なのかもしれないとも思う。

この二カ月ほど後、柴田さんは当初のリミットより九カ月の「ロスタイム」を経て、たくさんのメッセージや言葉を筆者に託し、この社会との関係を、永遠に遮断した。

池上正樹（いけがみ　まさき）

一九六二年、神奈川県生まれ。ジャーナリスト。大学卒業後、通信社勤務を経てフリーのジャーナリストに。ひきこもり問題、東日本大震災、築地市場移転などのテーマを追う。著書に『ひきこもる女性たち』（ベスト新書）、『大人のひきこもり』（講談社現代新書）、『ダメダメな人生を変えたいM君と生活保護』（ポプラ新書）、『あのとき、大川小学校で何が起きたのか』（青志社・共著）ほか。ＫＨＪ全国ひきこもり家族会連合会事業委員、東京都町田市「ひきこもり」ネットワーク専門部会委員なども務めた。

ルポ　ひきこもり未満《みまん》　レールから外《はず》れた人《ひと》たち

集英社新書〇九四七B

二〇一八年九月一九日　第一刷発行
二〇一九年八月一〇日　第二刷発行

著者……池上正樹《いけがみまさき》
発行者……茨木政彦
発行所……株式会社集英社
東京都千代田区一ツ橋二-五-一〇　郵便番号一〇一-八〇五〇
電話　〇三-三二三〇-六三九一（編集部）
〇三-三二三〇-六〇八〇（読者係）
〇三-三二三〇-六三九三（販売部）書店専用

装幀……原　研哉
印刷所……凸版印刷株式会社
製本所……加藤製本株式会社

定価はカバーに表示してあります。

ISBN 978-4-08-721047-7 C0236
Printed in Japan

a pilot of wisdom

日本の大問題「10年後を考える」――「本と新聞の大学」講義録　一色 清／姜尚中ほか
原発訴訟が社会を変える　河合弘之
奇跡の村 地方は「人」で再生する　相川俊英
日本の犬猫は幸せか 動物保護施設アークの25年　エリザベス・オリバー
おとなの始末　落合恵子
性のタブーのない日本　橋本 治
ジャーナリストはなぜ「戦場」へ行くのか――取材現場からの自己検証　危険地報道を考えるジャーナリストの会・編
医療再生 日本とアメリカの現場から　大木隆生
ブームをつくる 人がみずから動く仕組み　殿村美樹
「18歳選挙権」で社会はどう変わるか　林 大介
3・11後の叛乱 反原連・しばき隊・SEALDs　笠井 潔／野間易通
「戦後80年」はあるのか――「本と新聞の大学」講義録　一色 清／姜尚中ほか
非モテの品格 男にとって「弱さ」とは何か　杉田俊介
「イスラム国」はテロの元凶ではない グローバル・ジハードという幻想　川上泰徳
日本人 失格　田村 淳
たとえ世界が終わっても その先の日本を生きる君たちへ　橋本 治
あなたの隣の放射能汚染ゴミ　まさのあつこ

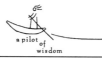

マンションは日本人を幸せにするか　榊 淳司
敗者の想像力　加藤典洋
人間の居場所　田原 牧
いとも優雅な意地悪の教本　橋本 治
世界のタブー　阿門 禮
明治維新150年を考える――「本と新聞の大学」講義録　一色 清／姜尚中ほか
「富士そば」は、なぜアルバイトにボーナスを出すのか　丹 道夫
男と女の理不尽な愉しみ　林 真理子／壇 蜜
欲望する「ことば」 「社会記号」とマーケティング　嶋 浩一郎／松井 剛
ぼくたちはこの国をこんなふうに愛することに決めた　高橋源一郎
ペンの力　浅田次郎／吉岡 忍
「東北のハワイ」は、なぜV字回復したのか スパリゾートハワイアンズの奇跡　清水一利
村の酒屋を復活させる 田沢ワイン村の挑戦　玉村豊男
デジタル・ポピュリズム 操作される世論と民主主義　福田直子
戦後と災後の間――溶融するメディアと社会　吉見俊哉
「定年後」はお寺が居場所　星野 哲
ルポ 漂流する民主主義　真鍋弘樹

権力と新聞の大問題
望月衣塑子／マーティン・ファクラー　0937-A

危機的状況にある日本の「権力とメディアの関係」を〝異端〟の新聞記者と米紙前東京支局長が語り尽くす。

戦後と災後の間 ――溶融するメディアと社会
吉見俊哉　0938-B

三・一一後の日本を二〇一〇年代、九〇年代、七〇年代の三重の焦点距離を通して考察、未来の展望を示す。

「改憲」の論点
木村草太／青井未帆／柳澤協二／中野晃一／西谷　修／山口二郎／杉田　敦／石川健治　0939-A

「立憲デモクラシーの会」主要メンバーが「憲法破壊」に異議申し立てするため、必要な八つの論点を解説。

テンプル騎士団
佐藤賢一　0940-D

巡礼者を警護するための軍隊が超国家組織に……。西洋歴史小説の第一人者がその興亡を鮮やかに描き出す。

保守と大東亜戦争
中島岳志　0941-A

戦争賛美が保守なのか？　鬼籍に入った戦中派・保守の声をひもとき現代日本が闘うべきものを炙り出す。

「定年後」はお寺が居場所
星野　哲　0942-B

お寺は、社会的に孤立した人に寄り添う「居場所」である。地域コミュニティの核としての機能を論じる。

タンゴと日本人
生明俊雄　0943-F

ピアソラの登場で世界的にブームが再燃したタンゴ、出生の秘密と日本との縁、魅惑的な「後ろ姿」に迫る。

富山は日本のスウェーデン　変革する保守王国の謎を解く
井出英策　0944-A

保守王国で起きる、日本ならではの「福祉社会のうねり」。財政社会学者が問う右派と左派、橋渡しの方法論。

スノーデン　監視大国　日本を語る
エドワード・スノーデン／国谷裕子／ジョセフ・ケナタッチ／スティーブン・シャピロ／井桁大介／出口かおり／自由人権協会　監修　0945-A

アメリカから日本に譲渡された大量監視システム。新たに暴露された日本関連の秘密文書が示すものは？

ルポ　漂流する民主主義
真鍋弘樹　0946-B

オバマ、トランプ政権の誕生を目撃し、「知の巨人」に取材を重ねた元朝日新聞NY支局長による渾身のルポ。

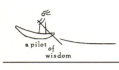